WOLFGANG LINK

DIABETESKÜCHE

süß & lecker

WOLFGANG LINK

DIABETESKÜCHE

süß & lecker

60 Rezepte nach der LOGI-Methode – für Diabetiker

systemed

INHALTSVERZEICHNIS

Nachtisch:

Süß und lecker muss er sein

Ein süßer und leckerer Nachtisch – auch für Diabetiker – ist ein wunderbarer Abschluss eines reich gedeckten Tisches, sozusagen das Tüpfelchen auf dem I.

VON KINDESBEINEN: UNSERE LUST AUF SÜSSES

Schon davon, was unsere Mütter während der Schwangerschaft zu sich nehmen, sollen unsere späteren geschmacklichen Vorlieben abhängen. Diese hängen nach wissenschaftlichen Erkenntnissen auch davon ab, was uns als Kleinkindern angeboten wird, da wir lernen, das zu mögen, womit wir im Kleinkindalter gefüttert werden.

Wenn Kinder mit Süßigkeiten getröstet werden, speichern sie wohl, dass etwas Süßes zu essen eine Belohnung darstellt. Für unsere Vorfahren konnte die Vorliebe für Süßes durchaus nützlich sein, da sie das davor geschützt hat, verdorbene oder gar giftige Lebensmittel zu sich zu nehmen. Denn man konnte aufgrund des süßen Geschmacks auch bei unbekannten Nahrungsmitteln sichergehen, dass man nichts Giftiges verzehrte. Auch haben süße Lebensmittel in der Vergangenheit, als Nahrung noch nicht stets leicht zugänglich und im Überfluss vorhanden war, einen wichtigen Beitrag zur Deckung des Energiebedarfs geleistet.

Heutzutage erleben die allermeisten Menschen sehr häufig ein Überangebot von Nahrungsmitteln. Daher ist es keine Herausforderung mehr, den Energiebedarf zu decken, sondern, im Gegenteil, nicht zu viele Kalorien/Kohlenhydrate zu sich zu nehmen. Da wird es nicht nur für Diabetiker zum Problem, dass die Aufnahme von kohlenhydratreichen Mahlzeiten den Blutzuckerspiegel beeinflusst und den Appetit anregt, und zwar vor allem auf weitere kohlenhydratreiche Nahrung und Süßes. Häufig lösen wir den Heißhunger auf Süßes also selbst aus – durch das, was wir essen. Kohlenhydratreiche Mahlzeiten lassen unseren Blutzucker Achterbahn fahren und machen so Appetit auf mehr – vor allem auf mehr Kohlenhydrate.

Der Heißhunger lässt sich aber in den Griff bekommen. Nimmt man weniger Kohlenhydrate zu sich, sorgt dies für einen ausgeglichenen Blutzucker- und Insulinspiegel: Der Appetit auf Süßes geht dann zurück, Heißhunger auf Süßigkeiten und Fressattacken sollten dann der Vergangenheit angehören.

NAMENSFRAGE: ZUCKER HAT VIELE BEZEICHNUNGEN

Weizenstärke, Invertzucker, Glukosesirup oder Malzzucker – die Liste der Namen für Zucker ist lang. Ein Blick auf die Zutatenliste lohnt sich, wenn man überflüssige Kohlenhydrate und Kalorien vermeiden möchte. Denken Sie bei Ihrem Blick hinter die Kulissen auch an die Getränke. Industriell hergestellte Softdrinks enthalten häufig mehr als 10 Gramm Zucker pro 100 Milliliter Getränk, von den chemischen Zusatzstoffen ganz zu schweigen.

OBSTGARTEN: FRÜCHTE MIT UNTERSCHIEDLICHEM ZUCKERANTEIL

Zuckerarm oder zuckerreich? Der Zuckergehalt der einzelnen Obstarten ist zum Teil sehr unterschiedlich. Bei zuckerarmem Beerenobst liegen Sie immer richtig: Erdbeeren, Brombeeren, Himbeeren, Heidelbeeren, Johannisbeeren, Stachelbeeren – hiervon können Sie ganz unbedenklich größere Mengen naschen. Ihr Kohlenhydratgehalt liegt etwa bei 5 bis 7 Gramm pro 100 Gramm verzehrbarem Anteil. In diesem Bereich bewegen sich auch Papaya, Sternfrucht, Quitte und Grapefruit. Auch Äpfel, Birnen, Pfirsiche, Kiwi, Orangen, Mandarinen, Wassermelonen und Aprikosen haben einen eher moderaten Kohlenhydratgehalt (8 bis 12 Gramm pro 100 Gramm verzehrbarem Anteil). Zu den zuckerreichen Obstarten (mehr als 12 Gramm Kohlenhydrate pro 100 Gramm verzehrbarem Anteil) gehören vor allem Bananen, Weintrauben, Mirabellen, Honigmelonen, süße Kirschen, Granatäpfel, Feigen und Mangos. Da sie den Blutzucker und damit die Insulinausschüttung stärker erhöhen als die zuckerärmeren Obstsorten, sollten sie eher in kleineren Mengen verzehrt werden.

NEUSTART: MEHR GESCHMACK MIT WENIGER ZUCKER

Jeder Deutsche nimmt jährlich durchschnittlich etwa 34 Kilogramm Zucker zu sich, also rund 100 Gramm pro Tag, einen großen Teil davon unbewusst. Kein Wunder, wenn unsere Geschmacksnerven von Süßem erschlagen werden. So gaukelt uns zum Beispiel ein Erdbeerjoghurt, der in Wirklichkeit kaum eine Erdbeere gesehen hat, vor, wie süß Erdbeeren schmecken sollten. Die Erdbeere aus der freien Natur kommt uns im Vergleich dazu natürlich eher sauer oder geschmacksarm vor. Dabei schmecken sonnengereifte Erdbeeren durchaus süß, auch wenn sie einen eher niedrigen Zuckeranteil haben.

Höchste Zeit also, unseren Gaumen wieder zu sensibilisieren und überflüssigem Zucker die rote Karte zu zeigen. Gewöhnen sie sich schrittweise daran, weniger Zucker und auch insgesamt weniger andere Süßungsmittel zu verwenden. So vermeiden Sie Blutzuckerschwankungen und verringern Ihr Verlangen nach Zucker und Kohlenhydraten. Gleichzeitig nehmen Sie die natürliche Süße, zum Beispiel von Obst, wieder viel intensiver wahr.

GUT VERSTECKT: ZUCKER (FAST) ÜBERALL

Vorsicht bei industriell hergestellten Süßspeisen wie Eis am Stiel, Joghurterzeugnissen oder Puddings – nicht nur wegen der vielen künstlichen und oftmals ungesunden Inhaltsstoffe, sondern weil Ihnen hier ohne Not Kohlenhydrate untergejubelt werden. Saccharose, Glukose, Traubenzucker, Dextrose, Fruktose, Fruchtzucker, Maltose, modifizierte Stärke, Maisstärke, Weizenstärke, Invertzucker, Glukosesirup oder Malzzucker – die Liste der Namen für Zucker ist lang. Ein Blick auf die Zutatenliste lohnt sich, wenn man überflüssige Kohlenhydrate und Kalorien vermeiden möchte.

KLEINES GLÜCK: SCHOKOLADE

Schokolade – durchaus erlaubt! Kakao wird aus den Früchten des Kakaobaums gewonnen, der unter feuchtwarmen Bedingungen und bei ausreichend Schatten gedeiht. Nach der Fermentation, die den bis dato extrem bitteren Geschmack mildert und zur Aromatisierung, Geschmacksgebung und Färbung dient, und dem anschließenden Trocknungsprozess, der für eine verbesserte Haltbarkeit und die weitere Entwicklung von Aromastoffen sorgt, stehen die Kakaobohnen für weitere Bearbeitungsschritte bis zur Herstellung von Kakaopulver und Schokolade zur Verfügung. Auch wenn sich der Anteil an Bitterstoffen durch die Fermentierung bereits reduziert hat, ist Kakao pur eigentlich nicht genießbar und nach wie vor sehr bitter. So erklärt sich auch der zunehmend bittere Geschmack von Schokolade bei steigendem Kakaoanteil. »Hochprozentige« Schokolade mit einem Kakaoanteil von mehr als 70 Prozent enthält jedoch deutlich weniger Zucker als Schokolade mit einem niedrigeren Kakaoanteil, was sie für den Einsatz in der Low-Carb-Ernährung tauglich macht. Am besten, Sie verwenden zum Backen Schokolade mit einem Kakaoanteil von 85 Prozent. Aufgrund ihrer wertvollen Inhaltsstoffe, zum Beispiel Polyphenole, gilt Schokolade mit einem hohen Kakaoanteil unter anderem als gefäßschützend, blutdrucksenkend, antioxidativ, entzündungshemmend und krebsvorbeugend. Wer weitere Kohlenhydrate einsparen möchte, kann auch auf im Handel erhältliche Low-Carb-Schokolade zurückgreifen.

ALTERNATIVEN: ES MUSS NICHT IMMER HAUSHALTSZUCKER SEIN

Lange Zeit galt Fruchtzucker (Fruktose) als idealer Zuckerersatz für Diabetiker, da er insulinunabhängig verstoffwechselt wird. Inzwischen weiß man, dass Fruchtzucker zwar den Blutzucker nicht unmittelbar belastet, aber ansonsten keineswegs harmlos ist. Er wird bevorzugt in Fett umgewandelt und fördert Insulinresistenz, Fettstoffwechselstörungen, eine nichtalkoholische Fettleber und Gicht. Außerdem wirkt er appetitanregend, was dazu verleitet, mehr zu essen als man will und braucht. Fruktosehaltige Diabetikerprodukte wurden 2012 mit der Änderung der Diätverordnung für Diabetikerlebensmittel abgeschafft.

Vorsicht ist generell auch bei industriell hergestellten Nahrungsmitteln geboten. Hier wird Fruktose häufig als billiger Zusatzstoff beziehungsweise Geschmacksverstärker verwendet und taucht als Fruktose- oder Fruktose-Glukose-Sirup in den Zutatenlisten auf. Also beim Einkaufen die Brille nicht vergessen!

Als mögliche Süßungsmittel kommen auch Zuckeralkohole wie Sorbit, Isomalt, Xylit, Maltit oder Mannit in Betracht. Im Vergleich zu Haushaltszucker liefern sie deutlich weniger Kalorien und haben dosisabhängig gar keine oder nur eine sehr geringe Wirkung auf Blutzucker- und Insulinspiegel. Zuckeralkohole werden in der Regel nur zum Teil über den Dünndarm aufgenommen. Der Rest wandert in tiefere Darmabschnitte und wird von Darmbakterien vergoren, was bereits ab Mengen von etwa 20 Gramm Durchfälle, Blähungen, Übelkeit und Bauchschmerzen verursachen kann.

Für Diabetiker besonders interessant ist der Zuckeralkohol Erythrit. Dieser liefert praktisch keine Energie (circa 20 Kilokalorien auf 100 Gramm) und ist nicht blutzuckerwirksam. Erythrit wird bereits zu 90 Prozent im oberen Magen-Darm-Trakt aufgenommen und verursacht deswegen weniger Nebenwirkungen als andere Zuckeralkohole. Seine Süßkraft beträgt weniger als die von Haushaltszucker – etwa 70 Prozent. Süßstoffe wie beispielsweise Aspartam, Saccharin oder Natriumcyclamat sind synthetisch hergestellte Ersatzstoffe für Zucker. Ihre Süßkraft liegt um das 30- bis 3000-Fache über der des Haushaltszuckers. Sie sind kalorien- und zuckerfrei und führen somit zu keiner Insulinausschüttung. Da im Zusammenhang mit Süßstoffen jedoch immer wieder eine appetitanregende Wirkung und mögliche Gesundheitsrisiken diskutiert werden, sollte man auf einen maßvollen Umgang achten.

Die südamerikanische Pflanze Stevia rebaudiana ist ein natürliches zucker- und kalorienfreies Süßungsmittel, das Sie selbst im Topf anpflanzen können. Frische Blätter können beispielsweise direkt in den Tee gegeben werden. Getrocknete und anschließend vermahlene Blätter können für Kompott oder zum Backen verwendet werden. Dagegen haben industriell verarbeitete Steviaprodukte mit der ursprünglichen Pflanze nicht mehr viel gemeinsam und deren gesundheitliche Unbedenklichkeit konnte bislang nicht nachgewiesen werden.

HINWEIS ZUM SÜSSEN:

Grundsätzlich ist auch eine sparsame Verwendung von Zucker oder Süßungsmitteln wie Apfeldicksaft oder Honig für Diabetiker längst kein Tabu mehr. In den Mengen, wie sie nachfolgend in einigen der Rezepte verwendet werden (etwa ein halber Teelöffel pro Portion), haben sie kaum Einfluss auf den Blutzuckerspiegel.

GANZ KLAR:

Die Verwendung von Honig und ähnlichen Süßungsmitteln muss natürlich dem Tagesbedarf angepasst sein. Vor allem Diabetiker sollten ein Gefühl für die noch akzeptable Menge entwickeln.

Dabei gilt die Regel: Je mehr Bewegung, desto süßer können die Speisen sein. Und je weniger Kohlenhydrate oder entsprechende Broteinheiten in anderen Speisen enthalten sind, desto mehr Süßes ist in Desserts möglich.

Dabei nicht aus den Augen verlieren: Grundsätzlich möchten wir uns insgesamt deutlich weniger süß ernähren – deshalb sollten wir im Einzelfall eher auf den Honig verzichten.

UND DAS FAZIT:

Generell sollten Sie Süßungsmittel jeglicher Art mit Bedacht einsetzen und stattdessen Ihre Geschmacksnerven für den natürlichen Eigengeschmack der verwendeten Lebensmittel sensibilisieren.

Volkskrankheit Diabetes weltweit auf dem Vormarsch

Ein paar Fakten zur Krankheit Diabetes und was Sie grundsätzlich darüber wissen sollten, um mit dieser Stoffwechselstörung besser umzugehen.

Fast 400 Millionen Menschen sind weltweit von Diabetes betroffen und in nur zwei Jahrzehnten soll diese Zahl noch einmal um 50 Prozent zunehmen – so die Prognose der Internationalen Diabetes Federation (IDF) Damit ist diese Krankheit eine wahre Epidemie unseres Jahrhunderts, die sich zudem mit atemberaubender Geschwindigkeit ausbreitet.

In Deutschland sind rund sechs Millionen Menschen aufgrund eines diagnostizierten Diabetes in ärztlicher Behandlung – fast 90 Prozent davon wegen eines Typ-2-Diabetes. Diese Erkrankung trat früher vorwiegend im Alter auf, Übergewicht und Bewegungsmangel sind Begleiter dieses Typs des Diabetes. Dramatisch ist auch, dass sich dieser sogenannte »Altersdiabetes« inzwischen auch rasant unter Kindern und Jugendlichen verbreitet. Besonders tückisch: Der Typ-2-Diabetes entwickelt sich schleichend und bleibt aufgrund fehlender und unspezifischer Symptome meist lange unerkannt. Daher ist die Zahl der erkrankten Menschen vermutlich deutlich höher – Schätzungen gehen von zwei bis fünf Millionen Menschen aus, die – ohne es zu wissen – an Diabetes erkrankt sind. Die Gefahr dabei: Auch ohne deutliche Symptome können sich bei einer unentdeckten Erkrankung erhebliche Folgeerkrankungen entwickeln.

Eine deutlich geringere Anzahl an Menschen leidet an Typ-1-Diabetes: Hier arbeitet das körpereigene Immunsystem gegen die insulinproduzierenden Zellen der Bauchspeicheldrüse.

BALANCE: WUNDERWERK ZUCKERSTOFFWECHSEL

Der Zuckerstoffwechsel des Menschen wird durch ein sehr komplexes System in der Balance gehalten. Denn ein Abweichen vom optimalen Wert nach oben oder unten ist lebensgefährlich – das Regelsystem eines gesunden Menschen schafft es deshalb, den Blutzucker nahezu immer innerhalb der gleichen Grenzen zu halten.

Die Senkung des Blutzuckerspiegels leistet das Hormon Insulin – gebildet in den Betazellen der Langerhans-Inseln der Bauchspeicheldrüse. Das Wirkungsprinzip ist einfach: Leber- und Muskelzellen, die mit entsprechenden Rezeptoren ausgestattet sind, erhalten das Signal, Glukose, also Traubenzucker, in das Zellinnere aufzunehmen, um sie dort zu speichern oder für die Muskelaktivität zu nutzen.

Wenn dieser Zuckerstoffwechsel aus dem Gleichgewicht gerät, spricht man von Prädiabetes bzw. Diabetes. Entweder liegt dann eine geringere Empfindlichkeit der Zellen für das Hormon Insulin, also eine Insulinresistenz, vor oder die Produktion von Insulin ist zunehmend geringer geworden. Die Folge sind längerfristig oder auch dauerhaft erhöhte Blutzuckerwerte, die ein ganzes Bündel von Folgeerkrankungen nach sich ziehen können.

UMDENKEN: OPTIMALE BLUTZUCKERWERTE DURCH WENIGER KOHLENHYDRATE

Kernproblem aller Diabetiker ist der Kohlenhydratstoffwechsel – hier gibt es inzwischen breite Übereinstimmung. Daher ist es konsequent, die Ernähung der Patienten den körperlichen Einschränkungen anzupassen. Konkret: Die Kohlenhydratzufuhr muss dauerhaft auf ein vom Körper verarbeitbares Maß reduziert werden.

Diese Einsicht brauchte Zeit. Über lange Zeit hinweg empfahlen Diabetes- und Ernährungsfachgesellschaften eine kohlenhydratreiche und fettreduzierte Ernährung. Rund die Hälfte der Energiezufuhr für Menschen mit Diabetes sollte aus Kohlenhydraten, höchstens ein Drittel aus Fett bestehen – obwohl viele Studien schon seit Jahren die Vorteile einer Diabetesernährung mit einer Reduzierung der Kohlenhydrate zugunsten von Fett und Eiweiß überzeugend nachweisen.

Nach einigem Zögern schwenken Fachleute in Deutschland in ihren Ernährungsempfehlungen deutlich um. Die Fachgesellschaften sehen das Heil für Diabetiker nicht mehr ausschließlich in einer fettarmen und dabei notwendigerweise kohlenhydratlastigen Ernährung. Vielmehr erscheint eine kohlenhydratreduzierte Ernährungsweise inzwischen zumindest als gleichwertige Alternative.

Damit kommt die Low-Carb-Bewegung ins Spiel. Die positiven Auswirkungen dieser Ernährungsart, besonders auch für den Zuckerstoffwechsel, sind unübersehbar. Die Reduzierung der Kohlenhydratmenge (vor allem von zucker- und stärkereichen Lebensmitteln) lässt den Blutzuckerspiegel nach den Mahlzeiten weniger stark ansteigen – das reduziert den Insulinbedarf wirkungsvoll.

Gleichzeitig werden extreme Blutzuckerspitzen und -schwankungen vermieden. Das verhindert Heißhungerattacken, die mit überflüssigen Kalorien einhergehen. Zusammen mit einer verbesserten Fettverbrennung - dank niedrigerem Insulinspiegel - ergibt sich eine spürbare Gewichtsreduzierung.

Die gesteigerte Wirksamkeit des Insulins sorgt zudem für einen geringeren Bedarf dieses Hormons.

Diese Ernährungsart ist mit einem Bündel positiver Effekte verbunden, die weit über die Gewichtsreduzierung hinausgehen: Sämtliche Stoffwechselparameter wie Blutfettwerte, Blutdruck und Entzündungsparameter verbessern sich wirkungsvoll. Diese Effekte treten auch ohne Gewichtsverlust ein und verringern somit das Risiko für Folgeerkrankungen.

LOGI: LOW CARB MIT GENUSS FÜR JEDEN TAG

Es gibt viele verschiedene Ansätze einer Low-Carb-Ernährung. Die LOGI-Methode ist dabei eine vielfach erprobte, wissenschaftlich fundierte und moderate Form von Low Carb, bei der nicht nur die Gesundheit nachweislich profitiert, sondern die zudem auch noch alltagstauglich, abwechslungsreich und schmackhaft ist. Je nach Gesundheitszustand und körperlicher Aktivität können etwa 80 bis 130 Gramm Kohlenhydrate täglich gegessen werden. Im Gegenzug muss beim Geschmacksträger Fett nicht gespart werden. Ganz praktisch heißt das, dass auch ein bis zwei Scheiben Brot, zwei bis drei kleine Kartoffeln, ein paar Nudeln als Beilage oder auch mal ein Stückchen Schokolade in die LOGI-Kost passen. Die Basis der LOGI-Ernährung sind jedoch kalorienarme, wasser- und ballaststoffreiche Lebensmittel wie Gemüse, Salate und Pilze, die mit hochwertigen Fetten und Ölen zubereitet werden. Beim Obst werden zuckerarme Beeren sowie fettreiche Avocados, Nüsse und Saaten empfohlen. Ebenso wichtig sind eiweißreiche Sattmacher wie Eier, Fisch, Milchprodukte, Hülsenfrüchte, Fleisch und Käse. Eine Ernährung nach der LOGI-Methode ist also nicht nur kohlenhydratärmer als die übliche Nahrung, sie enthält dafür mehr Eiweiß und gesunde Fette - und natürlich reichlich Vitamine, Mineral- und Ballaststoffe. LOGI hält die Blutzucker- und damit auch die Insulinkurve niedrig und gewährleistet so, gemeinsam mit den eiweiß-, wasser- und ballaststoffreichen Lebensmitteln, eine lang anhaltende Sättigung. Aufgrund des geringen Insulinbedarfs wird die Fettverbrennung gefördert und die Fettspeicherung gehemmt. LOGI eignet sich daher nicht nur bestens zur Gewichtskontrolle, sondern ist auch die ideale Ernährungsform für Patienten mit Stoffwechselstörungen wie Typ-2-Diabetes, metabolischem Syndrom und erhöhten Blutfetten, aber auch für Normalgewichtige, die sich einfach nur gesund ernähren wollen.

DIABETESTHERAPIE: SPORT UND BEWEGUNG GEHÖREN DAZU

Zu einer wirkungsvollen Diabetestherapie gehören regelmäßige Bewegung und Sport unabdingbar dazu. Geeignet sind Ausdauer- und Krafttraining. Wenn keine gesundheitlichen Einschränkungen vorliegen, sind zweieinhalb Stunden in der Woche optimal. Natürlich sind Ausdauersportarten wie Radfahren, Joggen, Nordic Walking oder Schwimmen bestens geeignet – aber auch zügiges Gehen reicht oft völlig aus. Neu in den Fokus der Diabetologen ist in den letzten Jahren immer mehr das Krafttraining gerückt. Das Prinzip überzeugt und die Rechnung ist leicht: Je mehr Muskelmasse ein Mensch hat, desto mehr Zucker kann er verstoffwechseln. Schon im Ruhezustand ist der Grundumsatz höher, eine vielleicht erforderliche Gewichtsabnahme wird dadurch erleichtert. Krafttraining ist am wirkungsvollsten, wenn es mindestens dreimal pro Woche stattfindet und dabei alle großen Muskelgruppen berücksichtigt werden. Das geht nicht nur im Fitnessstudio. Unzählige Übungen lassen sich zu Hause ohne große Ausstattung und mit geringem Aufwand durchführen. Sorgfältige Blutzuckermessungen vor und nach dem Sport helfen, Unterzuckerungen zu vermeiden. Erster Ansprechpartner ist Ihr Arzt, er weiß, was für Sie am besten ist.

BESTE BASIS: DIE LOGI-PYRAMIDE

Den Aufbau einer guten Ernähung nach LOGI zeigt ideal die LOGI-Pyramide: Auf einen Blick haben Sie hier die ersten Empfehlungen für Ihre tägliche Lebensmittelauswahl – so ist LOGI-Ernährung kinderleicht.

Gesunde Grundlage der LOGI-Ernährung sind Gemüse, Salate und Pilze sowie vorwiegend zuckerarme Früchte wie etwa Beeren. Wichtig auch hochwertige Fette und Öle wie Rapsöl, Olivenöl, Butter und Leinöl. Sie sind Lieferanten wertvoller Fettsäuren, Transporteure fettlöslicher Vitamine und vor allem sind sie Geschmacksträger. Für eine gute Eiweißversorgung sorgen Fleisch, Geflügel und Fisch sowie Milch und Milchprodukte. Auch gut ins LOGI-Konzept passen Nüsse und Hülsenfrüchte. Etwas vorsichtiger sollten Sie bei Brot und Backwaren sein: Hier sollte die Vollkornvariante bevorzugt werden. Denn durch den Ballaststoffgehalt steigt der Blutzucker etwas langsamer an – und die Sättigung ist besser als bei der »leeren« Weißmehlvariante. Entscheidend ist die Menge! Ein bis zwei Scheiben Vollkornbrot oder eine kleine Portion Backwaren sollten am Tag genügen. Kleine Portionen – das gilt auch für Kartoffeln oder Nudeln, am besten al dente zubereitet. Zwar sind Baguette, Toast, Weißbrot, Backwaren, Süßigkeiten oder gesüßte Getränke nicht komplett vom Speiseplan gestrichen – weil sie den Blutzucker schnell in die Höhe treiben, sollten sie aber nur selten verzehrt werden. Mit der LOGI-Low-Carb-Ernährung verhindern Sie starke Blutzuckeranstiege und -schwankungen und entsprechend hohe Insulinausschüttungen. Low-Carb-Ernährung nach LOGI unterstützt Ihren Stoffwechsel optimal – für mehr Gesundheit, Leistungsfähigkeit und Wohlbefinden.

SELTEN:

Verarbeitetes Getreide (Weißmehl), Süßigkeiten.

WENIG:

Vollkornprodukte, Kartoffeln, Nudeln, Reis und Mais.

HÄUFIG:

Milchprodukte, Eier, mageres Fleisch, Geflügel, Fisch, Nüsse und Hülsenfrüchte.

OFT:

Obst und stärkefreies Gemüse, zubereitet mit Öl.

Die Original-LOGI-Pyramide nach Dr. Worm, Stand 2019, publiziert in den Büchern zur LOGI-Methode bei systemed. Abdruck nur mit ausdrücklicher Genehmigung von systemed.

Rezepte

ANZAHL PORTIONEN

VORBEREITUNGSZEIT

GARZEIT

KÜHLZEIT

CREMIGES

Himbeercreme

4 PORTIONEN **5 MINUTEN**

Zutaten: 400 g Quark (40 % Fett i. Tr.) | Saft von 1 Zitrone | 500 g frische Himbeeren | ½ Bund frische Minze

1 Quark mit Zitronensaft verrühren.

2 Himbeeren verlesen, unter fließendem Wasser waschen und abtropfen lassen.

3 Abwechselnd Quark und Himbeeren in ein Glas schichten. Einige Himbeeren zum Garnieren beiseitelegen.

4 Minze waschen, trocken schütteln und die Blättchen vom Stiel befreien.

5 Die Himbeercreme vor dem Servieren mit den restlichen Himbeeren und den Minzeblättern dekorieren.

Hier könnte man mit Honig nachsüßen. Aber Achtung, dies verändert die Nährwerte (siehe Seite 13).

Nährwertangaben: 1 Portion (bei insgesamt 4 Portionen):
191 kcal | 11,7 g Eiweiß | 10,5 g Fett | 11,0 g Kohlenhydrate | 0,92 BE

Zutaten:

250 g Mascarpone

200 ml Milch (1,5 % Fett)

50 g Kokosraspel

Saft von ½ Zitrone

500 g Pfirsiche (4 Stück)

50 g Pflaumen (getrocknet)

1 TL Zimt

Pfirsich-Mascarpone-Kokoscreme

4 PORTIONEN 15 MINUTEN

1 Mascarpone mit Milch, Kokosraspeln und Zitronensaft verrühren.

2 Pfirsiche unter fließendem Wasser waschen, halbieren, entkernen und in feine Streifen schneiden. Die getrockneten Pflaumen vierteln.

3 Die Mascarponemasse in Schalen füllen und die Pfirsiche darübergeben.

4 Vor dem Servieren die Mascarponecreme mit den Pflaumenstücken dekorieren und mit Zimt bestreuen.

Nährwertangaben: 1 Portion (bei insgesamt 4 Portionen):
499 kcal | 6,9 g Eiweiß | 38,9 g Fett | 26,5 g Kohlenhydrate | 2,21 BE

CLEVER UND ZEITSPAREND EINKAUFEN: Sie haben gerade keine Birnen zu Hause? Kein Problem, auch Pflaumen oder Äpfel (zum Beispiel Boskoop) eignen sich gut für dieses Dessert und Sie müssen nicht noch mal extra einkaufen gehen.

Glühweinbirne mit Vanille-Quarkcreme

4 PORTIONEN **8 MINUTEN** **3 MINUTEN**

Zutaten: 100 ml Birnensaft | 1 Beutel Glühweingewürz | 1 Zimtstange | 4 mittelgroße Birnen | 200 g Magerquark | 100 ml Sahne | 1 TL Zimt

1 Birnensaft mit dem Glühweingewürz und der Zimtstange in einer Pfanne erhitzen und aufkochen lassen.

2 Birnen schälen, das Kerngehäuse entfernen und längs sechsteln. Die Birnen im Gewürzbirnensaft circa 1 Minute köcheln lassen. 4 EL Sud beiseitestellen. Anschließend die Birnenspalten mit dem restlichen Gewürzsud in Schälchen füllen.

3 Für die Zimt-Quark-Sahne den Quark mit Sahne, Zimt und 4 EL Gewürzsud glatt rühren.

4 Die Zimt-Quark-Sahne auf die Birnen geben und servieren.

Nährwertangaben: 1 Portion (bei insgesamt 4 Portionen):
229 kcal | 6,5 g Eiweiß | 10,0 g Fett | 26,7 g Kohlenhydrate | 2,23 BE

Zutaten:

500 g Magerquark

200 ml Milch (3,5 % Fett)

2 EL Agavendicksaft

1 Vanilleschote

100 g Mandelblättchen

400 g Heidelbeeren

1 Limette

CLEVER UND ZEITSPAREND VORBEREITEN: Achten Sie bei der Zubereitung der Gerichte darauf, so wenig Kochgeschirr wie möglich zu verwenden. In diesem Rezept könnten Sie beispielsweise die Pfanne, die Sie für die Mandeln verwenden, im Anschluss für die Limettenscheiben nehmen, um danach zusätzliche Säuberungsarbeiten zu vermeiden.

Agavenquark mit Mandeln

4 PORTIONEN **15 MINUTEN** **4 MINUTEN**

1 Den Quark mit Milch und 1 EL Agavendicksaft cremig rühren. Die Vanille aus der Schote schaben und unter die Quarkmasse rühren.

2 Mandeln in einer Pfanne ohne Fett goldbraun anrösten.

3 Heidelbeeren waschen. Die Limette von der Schale befreien und anschließend in 8 Scheiben schneiden. Den restlichen Agavendicksaft in einer Pfanne erhitzen und die Limettenscheiben darin circa 1–2 Minuten wenden und überziehen.

4 Die Quarkcreme in Schälchen geben, die Limettenscheiben darauflegen, die Heidelbeeren sowie die Mandelblättchen darüberstreuen und servieren.

Nährwertangaben: 1 Portion (335 g):
298 kcal | 13,6 g Eiweiß | 19,0 g Fett | 15,8 g Kohlenhydrate | 1,32 BE

TIPP: Den Heidelbeerquark schon am Vorabend vorbereiten. Am Morgen brauchen Sie dann nur noch die Himbeersoße zubereiten.

Heidelbeerdessert

4 PORTIONEN **10 MINUTEN + 1 STUNDE WARTEZEIT**

Zutaten: 4 Blatt Gelatine | 6 EL Wasser | 2 Eiweiß (Größe M) | 400 g Magerquark | Saft einer Limette | 350 g Heidelbeeren | 350 g frische Himbeeren | 50 ml Wasser | ½ Bund frische Minze

1 Gelatine für circa 2 Minuten im kalten Wasser einweichen, dann ausdrücken und in eine Schüssel geben.

2 Die Eiweiße steif schlagen und beiseitestellen.

3 Den Quark zusammen mit dem Limettensaft und den Heidelbeeren in eine Schüssel geben und das Ganze mit einem Stabmixer pürieren.

4 In der Zwischenzeit das Wasser im Topf aufkochen lassen und ein Wasserbad vorbereiten. Die Gelatine in der Schüssel über dem Wasserbad auflösen und anschließend löffelweise unter die Quarkmasse rühren. Dann vorsichtig den Eischnee unterheben. Die Masse für circa 1 Stunde im Kühlschrank kalt stellen.

5 Die Himbeeren verlesen, kurz waschen, mit 50 ml Wasser vermischen und mit einem Stabmixer pürieren.

6 Auf einem Teller einen Himbeersoßenspiegel anrichten. Von der Heidelbeerquarkmasse mit einem Esslöffel Nocken abstechen und auf die Fruchtmasse geben. Mit Minze dekorieren.

Nährwertangaben: 1 Portion (bei insgesamt 4 Portionen):
183 kcal | 16,4 g Eiweiß | 5,7 g Fett | 15,4 g Kohlenhydrate | 1,28 BE

Zutaten:

4 Eier (Größe L)

750 g Speisequark
(20 % Fett i. Tr.)

40 g Sojamehl

1 Päckchen Backpulver

600 g Holunderbeeren

½ Vanilleschote

5 g Butter

TIPP: Anstelle der Holunderbeeren können Sie auch Heidelbeeren oder Sanddornbeeren verwenden.

Holunderbeerentraum

4 PORTIONEN **15 MINUTEN** **45 MINUTEN**

1 Backofen auf 160 °C (Umluft) vorheizen.

2 3 der 4 Eier trennen. Die 3 Eiweiße steif schlagen und beiseitestellen. Die Eigelbe sowie das übrige ganze Ei mit Quark, Sojamehl und Backpulver vermischen.

3 Holunderbeeren verlesen, waschen und gut abtropfen lassen. Anschließend zu der Quarkmischung geben und untermischen. Vanillemark aus der Vanilleschote ausstreichen und zur Quarkmasse geben.

4 Eine Auflaufform mit Butter ausstreichen und die Quarkmischung darin gleichmäßig verteilen. Abschließend den Eischnee auf die Quarkmasse streichen.

5 Den Holunder-Quark-Auflauf im Backofen (Mitte) circa 45 Minuten backen.

Nährwertangaben: 1 Portion (bei insgesamt 4 Portionen):
366 kcal | 33,0 g Eiweiß | 15,3 g Fett | 21,4 g Kohlenhydrate | 1,78 BE

TIPP: Zitronenmelisse ist das wohl bekannteste Kraut im Kampf gegen einen nervösen Magen und Darmbeschwerden. Als Tee beruhigt es den Magen- und Darmtrakt.

Zitronen-Schmand-Mousse mit Himbeersoße

4 PORTIONEN **10 MINUTEN** **1 STUNDE**

Zutaten: 1 Blatt Gelatine | 6 EL kaltes Wasser | 1 Eiweiß (Größe L) | 150 g Schmand | 200 g Joghurt (1,5 % Fett) | Saft von 1 Zitrone | 1 EL Erythrit | 250 g Himbeeren | 50 ml Wasser | ½ Bund frische Zitronenmelisse

1 Gelatine 2 Minuten im Wasser einweichen, ausdrücken und in eine Schüssel geben.

2 Eiweiß steif schlagen und beiseitestellen.

3 Den Schmand zusammen mit dem Joghurt, dem Zitronensaft und dem Erythrit verrühren.

4 Wasser in einem Topf aufkochen und als Wasserbad herrichten. Die Gelatine in der Schüssel über dem Wasserbad gut auflösen und nach und nach in die Quarkmasse rühren. Anschließend den Eischnee dazugeben und vorsichtig untermengen. Die Quarkmousse anschließend für 1 Stunde im Kühlschrank kalt stellen.

5 In der Zwischenzeit die Himbeeren verlesen und kurz unter fließendem Wasser abbrausen. Anschließend 50 ml Wasser zugeben und das Ganze mit einem Stabmixer fein pürieren.

6 Die Himbeersoße in tiefe Teller geben. Von der Zitronen-Quark-Mousse mit einem Esslöffel Nocken abstechen und diese auf dem Fruchtsoßenspiegel anrichten.

7 Vor dem Servieren die Melisse waschen, einige Blätter abzupfen und die Mousse damit dekorieren.

Nährwertangaben: 1 Portion (bei insgesamt 4 Portionen):
142 kcal | 6,2 Eiweiß | 8,6 g Fett | 9,0 g Kohlenhydrate | 0,75 BE

Zutaten:

250 g Frischkäse (60 % Fett i. Tr.)

100 ml Milch (3,5 % Fett)

1 Vanilleschote

100 g Walnüsse (geschält)

1 Papaya (circa 200 g)

1 Limette

Weitere Zutaten: 1 EL Apfeldicksaft

TIPP: Walnüsse aus Frankreich gelten als besonders fein. Die Samenkerne werden zum einen als schmackhafte Zutat in verschiedenen Gerichten verwendet, zum anderen wird aus ihnen hochwertiges Walnussöl hergestellt, das durch seinen intensiven Geschmack und seine hohe Qualität besticht.

Papayacreme mit Walnüssen

4 PORTIONEN **15 MINUTEN**

1 Den Frischkäse mit der Milch und der Hälfte des Apfeldicksafts cremig rühren. Die Vanille aus der Vanilleschote schaben und unter die Quarkmasse rühren.

2 Walnüsse in einer Pfanne ohne Fett goldbraun anrösten.

3 Papaya halbieren, entkernen, schälen und in 2 cm große Stücke schneiden. Die Limette von der Schale befreien und anschließend in 8 Scheiben schneiden. Den restlichen Apfeldicksaft in einer Pfanne erhitzen und die Limettenscheiben darin circa 1–2 Minuten wenden und überziehen.

4 Die Frischkäsecreme in Schälchen füllen und die Limettenscheiben darauflegen. Anschließend die Papayastücke sowie die Walnüsse darüberstreuen.

Nährwertangaben: 1 Portion (bei insgesamt 4 Portionen):
412 kcal | 17,3 g Eiweiß | 31,9 g Fett | 10,7 g Kohlenhydrate | 0,89 BE

Erdbeer-Schoko-Schaum

4 PORTIONEN **15 MINUTEN** **10 MINUTEN**

Zutaten: 30 g Zartbitterschokolade (Kakaoanteil mind. 70 %) | 3 Eiweiß (Größe M) | 200 ml Sahne | 1 gehäufter TL Backkakao | 500 g Erdbeeren

1 Die Schokolade fein raspeln. Etwas von den Schokoraspeln für die Garnierung zurückstellen.

2 Eiweiße und Sahne jeweils steif schlagen, anschließend vorsichtig mischen und das Kakaopulver und die Zartbitterschokoladenraspeln unterheben. Die Masse circa 10 Minuten in den Kühlschrank stellen.

3 Die Erdbeeren waschen, putzen und in einem hohen Gefäß mit einem Stabmixer fein pürieren.

4 Die Erdbeersoße auf tiefe Teller geben, den Schaum mit einem Esslöffel in Nocken abstechen und auf dem Fruchtsoßenspiegel anrichten.

5 Mit den restlichen Schokoladenraspeln garnieren.

Nährwertangaben: 1 Portion (bei insgesamt 4 Portionen):
243 kcal | 5,8 g Eiweiß | 18,2 g Fett | 12,1 g Kohlenhydrate | 1,01 BE

Zutaten:

100 ml Apfelsaft

1 Zimtstange

4 mittelgroße Äpfel (zum Beispiel Boskoop)

200 g Mascarpone

100 ml Sahne

1 TL Zimt

Weitere Zutaten: 1 Beutel Lebkuchengewürz

Lebkuchenapfel mit Zimtcreme

8 MUFFINS **15 MINUTEN**

1 Den Apfelsaft mit dem Lebkuchengewürz und der Zimtstange in einer Pfanne erhitzen und aufkochen lassen.

2 Äpfel schälen, das Kerngehäuse entfernen und der Länge nach sechsteln. Die Äpfel circa 2–3 Minuten im Gewürzapfelsaft köcheln lassen. 4 EL Sud beiseitestellen. Anschließend die Apfelspalten mit dem restlichen Gewürzsud in Schälchen füllen.

3 Für die Zimtcreme den Mascarpone mit Sahne und 4 EL Gewürzsud glatt rühren. Den Zimt in die Creme rühren.

4 Die Zimtcreme auf die Äpfel geben und servieren.

Nährwertangaben: 1 Portion (von insgesamt 4 Portionen):
388 kcal | 3,3 g Eiweiß | 31,5 g Fett | 19,9 g Kohlenhydrate | 1,66 BE

Zutaten:

300 g Magerquark

150 ml Milch (3,5 % Fett)

1 TL Backkakao

3 Mangos (circa 600 g)

4 EL gepufften Amaranth
(aus dem Reformhaus)

½ Bund frische Minze

Weitere Zutaten: 1 TL Eiweißpulver (Beeren) | 1 EL Birnendicksaft

Amaranthquark

4 PORTIONEN 15 MINUTEN

1 Den Magerquark mit Milch, Eiweißpulver, Kakaopulver und Birnendicksaft verrühren.

2 Die Mangos schälen, halbieren, den Kerne entfernen und das Fruchtfleisch in dünne Scheiben schneiden.

3 In Dessertgläser abwechselnd Quarkcreme, Amaranth und Mango schichten und abschließend mit Quarkcreme bedecken.

4 Vor dem Servieren die Minze waschen, Blätter abzupfen und auf den Desserts garnieren.

Nährwertangaben: 1 Portion (bei insgesamt 4 Portionen):
220 kcal | 11,4 g Eiweiß | 5,9 g Fett | 28,8 g Kohlenhydrate | 2,4 BE

GEBACKENES

Gebratene Ananas mit Frischkäse-Quarkcreme

4 PORTIONEN **8 MINUTEN** **5 MINUTEN**

Zutaten: 200 g Frischkäse (60 % Fett i. Tr.) | 100 g Quark (40 % Fett i. Tr.) | 1 Orange (Bio) | 1 EL Birnendicksaft | 1 Ananas | 50 g Butter | 100 g gestiftete Mandeln

1 Frischkäse und Quark mit der abgeriebenen Schale einer halben Orange vermischen.

2 In die Frischkäse-Quark-Creme den Saft einer halben Orange sowie den Birnendicksaft mischen.

3 Die Ananas schälen und in 1 cm dicke Scheiben schneiden.

4 Butter in einer Pfanne erhitzen und die Ananasscheiben darin circa 3–4 Minuten bei geringer Hitze von beiden Seiten anbraten. Mandeln dazugeben und wenden.

5 Vor dem Servieren die Ananasscheiben mit den Mandeln auf Tellern anrichten und mit der Frischkäse-Quark-Creme garnieren.

Nährwertangaben: 1 Portion (bei insgesamt 4 Portionen):
440 kcal | 18,1 g Eiweiß | 28,2 g Fett | 25,3 g Kohlenhydrate | 2,11 BE

Zutaten:

4 Pfirsiche (gelb)

16 Cashewkerne

1 TL Butter zum Braten

200 g Ricotta

Pfannenpfirsiche mit Ricotta

4 PORTIONEN **10 MINUTEN** **10 MINUTEN**

1 Backofen auf 180 °C (Umluft) vorheizen.

2 Die Pfirsiche waschen, halbieren und entkernen.

3 Die Cashewkerne in einer heißen, feuerfesten Pfanne mit der Butter circa 1–2 Minuten anrösten. Anschließend aus der Pfanne nehmen. In dieselbe Pfanne nun die Pfirsichhälften einlegen.

4 Den Ricotta verrühren, gleichmäßig in die Pfirsichhälften füllen und jeweils zwei Cashewkerne eindrücken.

5 Das Dessert in der Pfanne im Backofen (Mitte) circa 8–10 Minuten überbacken.

Hier könnte man mit Honig nachsüßen. Aber Achtung, dies verändert die Nährwerte (siehe Seite 13).

Nährwertangaben: 1 Portion (bei insgesamt 4 Portionen):
206 kcal | 7,0 g Eiweiß | 12,4 g Fett | 15,0 g Kohlenhydrate | 1,25 BE

TIPP: Außerhalb der Brombeersaison (Juli bis Oktober) können Sie auch Tiefkühlbeeren verwenden.

Beerengratin mit Nüssen

4 PORTIONEN **5–10 MINUTEN** **6–8 MINUTEN**

Zutaten: 400 g Brombeeren | 400 g Johannisbeeren | 4 Eier (Größe M) | 150 g Mascarpone | 40 g gehackte Walnüsse | 20 g Mandelblättchen | etwas frische Minze

1 Backofen auf 180 °C (Umluft) vorheizen.

2 Brombeeren und Johannisbeeren putzen, waschen und in eine flache Auflaufform geben.

3 Die Eier trennen und die Eiweiße mit einem Handrührgerät zu Eischnee schlagen. Mascarpone und die Eigelbe vermischen und den Eischnee darunterheben.

4 Anschließend die Beeren mit der Masse bedecken. Walnüsse und Mandelblättchen darüberstreuen.

5 Das Ganze im Backofen (Mitte) circa 6–8 Minuten überbacken.

6 Minze waschen und die Blätter abzupfen.

7 Die überbackenen Brombeeren mit den Minzblättern bestreuen und servieren.

Nährwertangaben: 1 Portion (bei insgesamt 4 Portionen):
423 kcal | 12,2 g Eiweiß | 30,8 g Fett | 21,3 g Kohlenhydrate | 1,78 BE

TIPP: Anstelle des Rhabarbers können Sie auch frische Erdbeeren verwenden.

Nordischer Rhabarberauflauf

4 PORTIONEN **10–15 MINUTEN** **40 MINUTEN**

Zutaten: 1 EL Butter | 3 Eier (Größe L) | 1 Vanilleschote | 500 g Quark (20 % Fett i. Tr.) | 2 EL Sanddornsirup | 3 EL Milch (1,5 % Fett) | 1 Päckchen Vanillepuddingpulver | 600 g Rhabarber

1 Backofen auf 180 °C (Umluft) vorheizen.

2 Eine Auflaufform mit Backpapier auslegen und den Rand mit Butter einfetten.

3 Die Eier trennen. Die Eiweiße steif schlagen und beiseitestellen. Die Vanilleschote der Länge nach aufschneiden und das Mark mit einem Messer herauskratzen. Quark, Sanddornsirup, Eigelbe, Mark der Vanilleschote, Milch und Puddingpulver vermischen und glatt rühren.

4 Eischnee vorsichtig unterheben. Dann die Quarkmasse in die Auflaufform geben und gleichmäßig verteilen.

5 Rhabarber schälen und in 1 cm lange Stücke schneiden. Rhabarberstücke über die Masse verteilen und leicht eindrücken.

6 Den Auflauf im Backofen (Mitte) bei circa 40 Minuten backen und anschließend servieren.

Nährwertangaben: 1 Portion (bei insgesamt 4 Portionen):
262 kcal | 18,5 g Eiweiß | 10,3 g Fett | 22,1 g Kohlenhydrate | 1,84 BE

Zutaten:

3 Eier (Größe L)

40 g gemahlene Mandeln

30 g Eiweißpulver (neutral)

100 ml Milch (1,5 % Fett)

Mark von 1 Vanilleschote

1 TL Walnussöl

20 g Butter

200 g Nektarinen

3 EL Wasser

Weitere Zutaten: ½ TL Johannisbrotkernmehl

TIPP: Mit der Vanilleschote können Sie auch Vanillesalz selbst herstellen. Dazu die leere Schote in Salz stecken und 1–2 Wochen darin ziehen lassen. Anschließend lassen sich damit Fleischgerichte verfeinern.

Pfannkuchen mit Nektarinenmus

4 PORTIONEN **10 MINUTEN** **10 MINUTEN**

1 Für den Pfannkuchenteig mit einem Stabmixer Eier, Johannisbrotkernmehl, Mandeln, Eiweißpulver, Milch, Vanillemark und Walnussöl fein pürieren.

2 In einer heißen Pfanne pro Pfannkuchen jeweils 5 g Butter erhitzen. Anschließend jeweils ein Viertel der Masse hineingießen und den Pfannkuchen von beiden Seiten goldbraun ausbacken. Den Vorgang noch dreimal wiederholen.

3 In Zwischenzeit die Nektarinen, halbieren und entkernen. Die Nektarinenhälften mit 3 EL Wasser vermischen und mit einem Stabmixer fein pürieren.

4 Die Pfannkuchen vor dem Servieren mit jeweils 1 EL Fruchtmus bestreichen und einrollen.

Nährwertangaben: 1 Portion (bei insgesamt 4 Portionen):
221 kcal | 13,8 g Eiweiß | 13,7 g Fett | 8,9 g Kohlenhydrate | 0,74 BE

Birnenmuffins

8 MUFFINS | **10 MINUTEN** | **25 MINUTEN**

Zutaten: 400 g Birnen | 150 g Kokosflocken | 1 TL Backpulver | 2 EL Johannisbrotkernmehl | 1 Eiweiß (Größe M) | 1 Prise Salz | 2 Eier (Größe M) | Mark von 1 Vanilleschote | 1 TL Agavendicksaft | 40 g Butter (weich) | 60 ml Kokosmilch (ungesüßt) | 40 g Eiweißpulver (neutral) | 8 Muffinförmchen aus Silikon oder alternativ ein mit Manschetten ausgelegtes Muffinblech

1 Backofen auf 180° (Umluft) vorheizen.

2 Birnen schälen, vierteln, Kerne entfernen und die Frucht in feine Spalten schneiden.

3 Kokosflocken, Backpulver und Johannisbrotkernmehl mischen. Das Eiweiß mit einer Prise Salz steif schlagen.

4 Die Eier zusammen mit Vanillemark, Agavendicksaft, Butter und der Kokosmilch schaumig rühren. Nach und nach das Eiweißpulver und die Kokosmischung zugeben und alles zu einem glatten Teig verrühren. Den Eischnee vorsichtig unterheben.

5 Den Teig auf die Muffinförmchen verteilen und die Birnenspalten darauf legen.

6 Im Backofen (Mitte) circa 18–22 Minuten backen.

7 Anschließend 15 Minuten erkalten lassen, aus den Förmchen nehmen und servieren.

Nährwertangaben: 1 Muffin (von insgesamt 8 Stück):
244 kcal | 7,5 g Eiweiß | 18,3 g Fett | 10,3 g Kohlenhydrate | 0,86 BE

TIPP: Den aufgefangenen Sauerkirschsaft mit 100 g Magerjoghurt mischen und als Joghurtdrink dazu servieren.

Sauerkirsch-Eischnee-Auflauf

4 PORTIONEN | 10 MINUTEN | 30 MINUTEN

Zutaten: 300 g Sauerkirschen (ungezuckert, Glas) | 20 g Butter | 1 Eiweiß (Größe L) | 1 Prise Salz | Saft von ½ Zitrone | 80 g geröstete Pistazien (ohne Salz) | 2 Eier (Größe L) | Mark von 1 Vanilleschote | 150 g Speisequark (40 % Fett i. Tr.) | 150 ml Milch (1,5 % Fett) | 1 TL Johannisbrotkernmehl

1 Backofen auf 160 °C (Umluft) vorheizen.

2 Die Sauerkirschen in einem Sieb abgießen und den Saft auffangen. Eine backofengeeignete Auflaufform mit Butter ausstreichen und die Sauerkirschen gleichmäßig darin verteilen.

3 Das Eiweiß mit 1 Prise Salz und dem Zitronensaft steif schlagen.

4 Etwa ein Viertel der Pistazien für die Garnitur beiseitestellen. Den Rest mit einem Messer sehr fein hacken.

5 Die Eier mit Vanillemark, gehackten Pistazien und Speisequark in einer Schüssel verrühren. Nach und nach die Milch und das Johannisbrotkernmehl zugeben und alles kräftig vermischen. Den Eischnee vorsichtig unterheben und die Masse auf die Sauerkirschen verteilen.

6 Die Auflaufform im Backofen (Mitte) circa 25–30 Minuten backen. Anschließend warm servieren.

Nährwertangaben: 1 Portion (bei insgesamt 4 Portionen):
317 kcal | 12,8 g Eiweiß | 21,3 g Fett | 16,2 g Kohlenhydrate | 1,35 BE

Zutaten:

250 g Pflaumen (ungezuckert, Glas)

10 g Butter

1 Eiweiß (Größe L)

Saft von ½ Zitrone

2 Eier (Größe L)

Mark von 1 Vanilleschote

80 g Mandelblättchen

150 g Ricotta

150 ml Milch (1,5 % Fett)

Weitere Zutaten: 1 Prise Salz | 2 TL Johannisbrotkernmehl

TIPP: Den aufgefangen Pflaumensaft können Sie mit 100 g Magerjoghurt und 100 ml Milch (1,5 % Fett) vermischen und als Shake genießen.

Pflaumenauflauf

4 PORTIONEN **10–15 MINUTEN** **25–30 MINUTEN**

1 Backofen auf 160 °C (Umluft) vorheizen.

2 Die Pflaumen in ein Sieb gießen, den Saft auffangen und anderweitig verwenden (siehe Tipp unten). Eine Auflaufform mit Butter ausstreichen und die Pflaumen gleichmäßig darin verteilen.

3 Das Eiweiß mit 1 Prise Salz und dem Zitronensaft steif schlagen.

4 Die Eier mit dem Vanillemark, den Mandeln und dem Ricotta in einer Schüssel verrühren.

5 Nach und nach die Milch und das Johannisbrotkernmehl zugeben und alles kräftig vermischen.

6 Den Eischnee vorsichtig unterheben und die Masse auf die Pflaumen verteilen.

7 Den Auflauf im Backofen (Mitte) circa 25–30 Minuten backen. Anschließend in vier gleich große Stücke teilen, auf Tellern anrichten und warm servieren.

Nährwertangaben: 1 Portion (bei insgesamt 4 Portionen):
302 kcal | 12,9 g Eiweiß | 21,6 Fett | 11,7 g Kohlenhydrate | 0,98 BE

Buttermilchmuffins

8 MUFFINS | 10 MINUTEN | 30 MINUTEN

Zutaten: 150 g Butter (weich) | 250 g gemahlene Mandeln | 5 Eier (Größe L) | 20 g Kokosraspel (circa 1 EL) | 1 Msp. Vanillepulver | 1 Pk. Backpulver | 2 EL Backkakao | 150 ml Buttermilch | 300 g Himbeeren

1 Backofen auf 160 °C (Umluft) vorheizen.

2 Alle Zutaten, außer den Himbeeren, in einer Schüssel miteinander verrühren. Anschließend die Himbeeren zugeben und vorsichtig unterheben.

3 Den Teig in Muffinförmchen füllen und die Muffins im Backofen (Mitte) circa 25–30 Minuten backen.

Nährwertangaben: 1 Muffin (bei insgesamt 8 Stück):
411 kcal | 11,5 g Eiweiß | 36,5 g Fett | 5,9 g Kohlenhydrate | 0,49 BE

TIPP: Stellen Sie kurz vor Ende der Backzeit den Backofen aus und lassen Sie den Kuchen bei offener Tür im Backofen lauwarm abkühlen lassen. So fällt er nicht so sehr zusammen.

Käsekuchen ohne Boden mit Beerencreme

8 PORTIONEN **15 MINUTEN** **1 STUNDE**

Zutaten: **Für den Käsekuchen:** 6 Eier (Größe L) | 1 Prise Salz | 1 kg Speisequark (20 % Fett i. Tr.) | 20 g Butter (weich) | 4 EL Eiweißpulver (neutral) | 1 Msp. Vanilleschotenpulver | Erythrit oder flüssiges Stevia nach Geschmack | Schalenabrieb 1 Zitrone (Bio) | 1 Kuchenspringform (Durchmesser 26 cm)

Für die Beerencreme: 300 g Waldbeerenmix (TK) | 100 g Crème fraîche | 20 g gehackte Pistazien (ohne Salz) | 1 EL Erythrit oder flüssiges Stevia nach Geschmack

1. Backofen auf 160 °C (Umluft) vorheizen.

2. Die Eier trennen. Die Eiweiße mit der Prise Salz zu festem Schnee schlagen.

3. Die restlichen Zutaten in eine Rührschüssel geben und gut verrühren, anschließend den Eischnee unterheben. Dann die Quarkmasse in eine Springform geben und im vorgeheizten Backofen (Mitte) circa 60 Minuten backen.

4. In der Zwischenzeit die Waldbeeren antauen lassen und anschließend mit der Crème fraîche vermengen. Mit den gehackten Pistazien und dem Erythrit verfeinern.

5. Zum Servieren den Kuchen lauwarm auf Tellern anrichten und mit der Beerencreme garnieren.

Nährwertangaben: 1 Stück Käsekuchen (bei insgesamt 8 Portionen):
209 kcal | 21,4 g Eiweiß | 10,2 g Fett | 6,6 g Kohlenhydrate | 0,55 BE
1 Portion Beerencreme (bei insgesamt 8 Portionen):
67 kcal | 1,2 g Eiweiß | 5,3 g Fett | 3,2 g Kohlenhydrate | 0,27 BE

Zutaten:

350 g Äpfel
(zum Beispiel Boskoop)

150 g gemahlene Walnüsse

1 TL Backpulver

1 Eiweiß (Größe M)

2 Eier (Größe M)

Mark von 1 Vanilleschote

40 g Butter (weich)

60 g Pflaumenmus (ungesüßt)

20 g Eiweißpulver (neutral)

Weitere Zutaten: 1 EL Johannisbrotkernmehl | 1 Prise Salz | 1 EL Apfeldicksaft | 8 Muffinförmchen aus Silikon oder alternativ ein mit Papiermanschetten ausgelegtes Muffinblech

Apfel-Pflaumen-Muffins

8 MUFFINS **15 MINUTEN** **25 MINUTEN**

1 Backofen auf 180 °C (Umluft) vorheizen.

2 Äpfel waschen, schälen, vierteln, Kerngehäuse entfernen und in feine Spalten schneiden.

3 Walnüsse, Backpulver und Johannisbrotkernmehl mischen. Das Eiweiß mit einer Prise Salz steif schlagen.

4 Die Eier mit dem Vanillemark, dem Apfeldicksaft, der Butter und dem Pflaumenmus schaumig rühren. Eiweißpulver nach und nach zugeben und mit der Nussmischung zu einem glatten Teig verrühren. Den Eischnee vorsichtig unterheben.

5 Den Teig auf die Muffinförmchen verteilen, die Apfelspalten darauflegen und leicht andrücken.

6 Im Backofen (mittlere Schiene) circa 18–22 Minuten backen. Anschließend 15 Minuten erkalten lassen, aus den Förmchen nehmen und servieren.

Nährwertangaben: 1 Portion (bei insgesamt 8 Muffins):
242 kcal | 6,9 g Eiweiß | 16,8 g Fett | 13,9 g Kohlenhydrate | 1,16 BE

Nährwertangaben: 1 Portion (bei insgesamt 4 Portionen):
369 kcal | 19,8 g Eiweiß | 26,1 g Fett | 11,0 g Kohlenhydrate | 0,92 BE

Birnenlasagne

4 PORTIONEN **15 MINUTEN** **15 MINUTEN**

Zutaten: **Für die Lasagneplatten (Crêpes):** 3 Eier (Größe L) | ½ TL Johannisbrotkernmehl | 40 g gemahlene Haselnüsse | 30 g Eiweißpulver (neutral) | 100 ml Milch (1,5 % Fett) | Mark von 1 Vanilleschote | 1 TL Walnussöl | 20 g Butter

Für die Füllung: 150 g Magerquark | 1 Eiweiß (Größe L) | 2 Eigelb (Größe L) | 10 g Butter (weich) | 40 g Mascarpone | 1 TL Zimt | 20 ml Milch (1,5 % Fett) | Saft von 1 Zitrone | 100 g Birnenmus (ungesüßt)

1 Backofen auf 180 °C (Umluft) vorheizen.

2 Für die Crêpemasse Eier, Johannisbrotkernmehl, Haselnüsse, Eiweißpulver, Milch, Vanillemark und Walnussöl mit einem Stabmixer fein pürieren.

3 In einer heißen, feuerfesten Pfanne aus jeweils einem Viertel der Butter und der Crêpemasse insgesamt vier Crêpes von beiden Seiten goldbraun ausbacken.

4 Den Quark in ein Geschirrtuch geben und vorsichtig auspressen.

5 Eiweiß steif schlagen und beiseitestellen. Eigelbe schaumig rühren. Butter, Mascarpone, Zimt und Milch zugeben und alles gut verrühren. Danach den Quark und den Zitronensaft zufügen und zum Schluss vorsichtig den Eischnee unterheben.

6 Nun die Lasagne in die Crêpespfanne schichten. Dazu den Pfannenboden mit einem Crêpes auslegen und darauf einen Teil des Birnenmuses und anschließend einen Teil der Quark-Mascarpone-Masse verstreichen. Den Vorgang so lange wiederholen, bis alle Zutaten übereinandergeschichtet sind. Den Abschluss bildet die Mascarponecreme.

7 Die Lasagne im Backofen (Mitte) circa 15 Minuten backen.

8 Zum Servieren in vier gleich große Stücke portionieren.

TIPP: Beim Einkauf von Erdnussöl sollten Sie darauf achten, dass es klar und ohne Trübungen ist, denn dies könnte ein Anzeichen für ranziges Öl sein. Lagern Sie das Öl an einem lichtgeschützten, kühlen Ort und verschließen es nach jedem Gebrauch sofort wieder.

Melone im Kokos-Mohn-Mantel

4 PORTIONEN **10 MINUTEN** **10 MINUTEN**

Zutaten: 1 Cantaloupemelone (circa 600 g) | 1 EL Eiweißpulver (neutral) | 2 Eier (Größe M) | 50 g Kokosflocken | 10 g Mohn | 1 EL Erdnussöl | 150 g Frischkäse (60 g Fett i. Tr.)

1 Die Melone halbieren, vom Kerngehäuse befreien und schälen. Anschließend in 2 cm dicke Halbmonde schneiden.

2 Die Melonenstücke mit einem Küchenpapier abtupfen und mit dem Eiweißpulver bestäuben.

3 Die Eier verquirlen. Kokosflocken mit dem Mohn auf einem Teller vermischen. Die Melonenhalbmonde zunächst im Ei und anschließend in der Kokos-Mohn-Mischung wälzen.

4 In einer Pfanne Erdnussöl erhitzen. Die Melonen darin goldbraun ausbacken, herausnehmen und kurz beiseitestellen.

5 Anschließend den Frischkäse in die Pfanne geben und erhitzen.

6 Die Melonen vor dem Servieren kurz darin schwenken.

Hier könnte man mit Honig nachsüßen. Aber Achtung, dies verändert die Nährwerte (siehe Seite 13).

Nährwertangaben: 1 Portion (bei insgesamt 4 Portionen):
307 kcal | 14,2 g Eiweiß | 22,0 g Fett | 10,8 g Kohlenhydrate | 0,90 BE

Zutaten:

3 Eier (Größe L)

40 g gemahlene Mandeln

30 g Eiweißpulver (neutral)

100 ml Milch (1,5 % Fett)

Mark von 1 Vanilleschote

1 TL Walnussöl

20 g Butter

4 EL Hagebuttenmus (ungesüßt, Glas, circa 40 g)

Weitere Zutaten: ½ TL Johannisbrotkernmehl

TIPP: Die Vanilleschote längs halbieren und mit einem Teelöffel das Mark ausstreichen, um möglichst viel Vanillemark herauszubekommen.

Hagebuttencrêpes

4 PORTIONEN **10 MINUTEN** **15 MINUTEN**

1 Für die Crêpesmasse mit einem Stabmixer Eier, Johannisbrotkernmehl, Mandeln, Eiweißpulver, Milch, Vanillemark und Walnussöl fein pürieren.

2 In einer heißen Pfanne pro Crêpe jeweils 5 g Butter erhitzen. Ein Viertel der Crêpesmasse hineingießen und den Crêpe von beiden Seiten goldbraun ausbacken. Den Vorgang noch dreimal wiederholen.

3 Die Crêpes vor dem Servieren mit jeweils 1 EL Hagebuttenmus bestreichen und aufrollen.

Nährwertangaben: 1 Portion (bei insgesamt 4 Portionen):
215 kcal | 13,7 g Eiweiß | 14,9 g Fett | 5,1 g Kohlenhydrate | 0,43 BE

TIPP: Den aufgefangenen Sauerkirschsaft mit 100 g Magerjoghurt mischen und als Joghurtdrink dazu servieren.

Käsekuchenmuffins mit Sauerkirschen

8 MUFFINS **10 MINUTEN** **25 MINUTEN**

Zutaten: 200 g Ricotta | 200 g Magerquark | 100 g Sauerkirschen (ungesüßt, Glas) | 1 EL Weizenmehl | 1 EL Johannisbrotkernmehl | 2 Eier (Größe M) | 1 Prise Salz | flüssiges Rumaroma | 1 EL Birnendicksaft | 1 Eiweiß (Größe M) | 2 EL gemahlene Mandeln | 8 Muffinförmchen aus Silikon oder alternativ ein mit Papiermanschetten ausgelegtes Muffinblech

1 Ricotta und Magerquark mit einem Geschirrtuch vorsichtig entwässern (auspressen).

2 Backofen auf 180 °C (Umluft) vorheizen.

3 Die Sauerkirschen in einem Sieb abtropfen lassen und den Saft auffangen. Mehl mit Johannisbrotkernmehl mischen.

4 Eier mit 1 Prise Salz und zwei Tropfen Rumaroma und dem Birnendicksaft cremig rühren. Die Ricotta-Quark-Mischung untermengen und zusammen mit der Mehlmischung zu einem glatten Teig verrühren.

5 Die Ricotta-Quark-Masse auf die Muffinförmchen verteilen.

6 Das Eiweiß steif schlagen und mit den Mandeln mischen. Die abgetropften Sauerkirschen auf die Muffins verteilen und abschließend den Mandel-Eiweiß-Schaum daraufgeben.

7 Im Backofen (untere Schiene) circa 20–25 Minuten backen. Anschließend 15 Minuten erkalten lassen, aus den Förmchen nehmen und servieren.

Nährwertangaben: 1 Muffin (bei insgesamt 8 Muffins):
125 kcal | 7,7 g Eiweiß | 7,3 g Fett | 6,1 g Kohlenhydrate | 0,51 BE

Sauerkirschgratin

4 PORTIONEN **10 MINUTEN** **30 MINUTEN**

Zutaten: 250 g Sauerkirschen (ungesüßt, Glas) | 10 g Butter | 1 Eiweiß (Größe L) | 1 Prise Salz | Saft von ½ Zitrone | 2 Eier (Größe L) | Mark von 1 Vanilleschote | 4 EL Kokosflocken | 100 g Speisequark (40 % Fett i. Tr.) | 150 ml Milch (1,5 % Fett) | 1 EL Johannisbrotkernmehl

1 Backofen auf 160 °C (Umluft) vorheizen.

2 Die Sauerkirschen in ein Sieb abgießen und den Saft auffangen. Eine feuerfeste Auflaufform mit Butter ausstreichen und die Sauerkirschen gleichmäßig darin verteilen.

3 Das Eiweiß mit 1 Prise Salz und dem Zitronensaft steif schlagen.

4 Die Eier mit dem Vanillemark, den Kokosflocken und dem Speisequark in einer Schüssel verrühren.

5 Nach und nach die Milch und das Johannisbrotkernmehl zugeben und alles kräftig vermischen.

6 Den Eischnee vorsichtig unterheben und die Masse auf die Sauerkirschen verteilen.

7 Das Gratin im Backofen (Mitte) circa 25–30 Minuten backen. Anschließend in vier gleich große Stücke teilen, auf Tellern anrichten und warm servieren.

Nährwertangaben: 1 Portion (bei insgesamt 4 Portionen):
238 kcal | 8.8 g Eiweiß | 16,5 g Fett | 11,8 g Kohlenhydrate | 0,98 BE

Zutaten:

30 g kernlose Weintrauben (hell)

60 g gehackte Walnüsse

10 g Eiweißpulver (neutral)

2 Eier (Größe L)

Mark von 1 Vanilleschote

30 g Magerjoghurt (circa 2 EL)

Weitere Zutaten: 30 g Sojaflocken (aus dem Reformhaus) | 1 EL Birnendicksaft

TIPP: Die Nusskräcker haben aufgrund des niedrigen Wassergehalts und der vielen Nüsse eine höhere Energiedichte als die übrigen Desserts. Teilen Sie sich die sechs Kräcker, die das Rezept pro Portion ergibt, auf zweimal auf und essen Sie jeweils ein Stück Obst dazu.

Walnusscrunch

4 PORTIONEN À 6 KRÄCKER · 20 MINUTEN + 15 MINUTEN WARTEZEIT · 20–25 MINUTEN

1 Backofen auf 140 °C (Umluft) vorheizen. Ein Backblech mit Backpapier auslegen.

2 Die Weintrauben waschen, von den Rispen zupfen, halbieren und mit den Walnüssen, den Sojaflocken und dem Eiweißpulver mischen.

3 Die Eier mit dem Vanillemark und dem Magerjoghurt in einer Schüssel verquirlen, die Nussmischung dazugeben und alles gut vermengen, bis eine homogene Maße entstanden ist. Anschließend den Teig circa 15 Minuten ruhen lassen.

4 Den Nussteig mit einem Teelöffel abstechen, auf ein Backblech setzen und flach drücken.

5 Im Backofen (Mitte) circa 20–25 Minuten backen.

6 Die Kräcker vor dem Servieren erkalten lassen.

Nährwertangaben: 1 Portion (bei insgesamt 4 Portionen):
183 kcal | 10,8 g Eiweiß | 13,0 g Fett | 4,4 g Kohlenhydrate | 0,37 BE

TIPP: Das verbleibende Eigelb können sie zugedeckt im Kühlschrank aufbewahren und am nächsten Morgen zu einem Omelett verarbeiten.

Käse-Beeren-Gratin

4 PORTIONEN | 15 MINUTEN | 6–8 MINUTEN

Zutaten: 400 g Brombeeren | 200 g Camembert (45 % Fett i. Tr.) | 4 Eiweiß (Größe M) | 1 EL Rapsöl | 50 g Mandelblättchen | 20 g gehackte Pistazien

1 Backofen auf 180 °C (Umluft) vorheizen.

2 Brombeeren verlesen und waschen. Camembert in 4 gleich große Scheiben schneiden.

3 Die Eiweiße mit einem Handrührgerät steif schlagen.

4 In einer heißen, feuerfesten Pfanne mit Rapsöl Brombeeren und Mandelblättchen 1–2 Minuten anbraten.

5 Die Brombeeren mit dem Camembert belegen und mit dem Eischnee bedecken. Das Ganze im Backofen (Mitte) circa 6–8 Minuten überbacken.

6 Das Brombeergratin mit den Pistazien bestreuen und servieren.

Nährwertangaben: 1 Portion (bei insgesamt 4 Portionen):
363 kcal | 17,7 g Eiweiß | 26,0 g Fett | 11,8 g Kohlenhydrate | 0,98 BE

TIPP: Sie können den Teig auch in einer Springform mit einem Durchmesser von 24 cm backen. Dann ist es ein leckerer Weihnachtskuchen und ein Klecks Sahne macht ihn perfekt.

Glühweinlebkuchen

15 LEBKUCHEN | **20 MINUTEN** | **50 MINUTEN**

Zutaten: 2 Eier (Größe L) | 50 g Xylit | 80 ml Sahne | 1 Päckchen Glühweingewürz | ½ Päckchen Backpulver | ½ TL Johannisbrotkernmehl | 10 g Backkakao | 30 g Mandelmehl (teilentölt) | 50 g gehackte Mandeln | 50 g gehackte Walnüsse | 100 g gemahlene Mandeln

1 Den Backofen auf 170 °C (Umluft) vorheizen. Backblech mit Backpapier auslegen.

2 Die Eier trennen. Die Eiweiße steif schlagen und beiseitestellen.

3 Eigelbe, Xylit, Sahne und Glühweingewürz so lange miteinander verrühren, bis sich das Xylit aufgelöst hat. Backpulver, Johannisbrotkernmehl und das Kakaopulver darübersieben und zusammen mit dem Mandelmehl unterrühren.

4 Die gehackten Mandeln und die gehackten Walnüsse vermischen. Die Hälfte davon zusammen mit dem Eischnee und den gemahlenen Mandeln vorsichtig unter die Teigmasse heben, damit ein luftiger Teig entsteht.

5 Den Teig auf das vorbereitete Backblech geben und etwas glatt streichen. Die restlichen gehackten Mandeln und Walnüsse darauf verteilen und das Ganze für circa 50 Minuten backen. Nach etwa der Hälfte der Backzeit den Teig mit Alufolie abdecken, damit der Teig nicht zu dunkel wird.

6 Lebkuchen in der Backform auskühlen lassen.

Nährwertangaben: 1 Stück (bei insgesamt 15 Stück):
126 kcal | 4,3 g Eiweiß | 10,0 g Fett | 3,8 g Kohlenhydrate | 0,32 BE

Low-Carb-Muffins

6 MUFFINS | 15 MINUTEN | 20 MINUTEN

Zutaten: 30 g Mandeln | 2 Eier (Größe M) | 40 g Xylit | 70 ml Sahne | ½ TL Backkakao | 1 TL Backpulver | 1 TL Johannisbrotkernmehl | 20 g Mandelmehl (teilentölt) | 50 g gemahlene Haselnüsse | 6 Silikonförmchen

1 Den Backofen auf 175 °C (Umluft) vorheizen.

2 Die Mandeln grob hacken.

3 Die Eier trennen. Die Eiweiße zu steifem Schnee schlagen und beiseitestellen.

4 Die Eigelbe mit dem Xylit und der Sahne so lange rühren, bis sich das Xylit gelöst hat und das Kakaopulver untermengen. Das Backpulver mit dem Johannisbrotkernmehl darübersieben und unterrühren. Anschließend das Mandelmehl zugeben und gleichfalls unterrühren.

5 Die gemahlenen Haselnüsse und die gehackten Mandeln zusammen mit dem Eischnee vorsichtig unterheben, sodass ein luftiger Teig entsteht.

6 Den Teig am besten mit 2 Esslöffeln auf die Muffinförmchen verteilen. Die Backzeit beträgt 18–20 Minuten.

Nährwertangaben: 1 Stück (bei insgesamt 6 Stück):
174 kcal | 5,6 g Eiweiß | 12,9 g Fett | 7,6 g Kohlenhydrate | 0,63 BE

Zutaten:

100 g Erdnüsse (ohne Salz)

30 g Schokolade
(85 % Kakaoanteil)

50 g Kokosflocken

50 g Xylit

2 Eiweiß (Größe L)

Weitere Zutaten: 4 eckige Backoblaten (je 120 × 200 mm)

Nussstangen

46 STÜCK **15 MINUTEN + 15 MINUTEN WARTEZEIT** **20 MINUTEN**

1 Ein Backblech mit Backpapier belegen.

2 Die Erdnüsse mahlen und die Schokolade fein hacken.

3 Die Erdnüsse, Kokosflocken und die Schokolade mit dem Xylit in eine Schüssel geben und miteinander vermischen. Die Eiweiße (ungeschlagen) zugeben und alles verrühren.

4 2 Oblaten auf das vorbereitete Blech direkt nebeneinander legen. Die Nussmasse darauf gleichmäßig verteilen. Anschließend das Ganze mit 2 weiteren Oblaten abdecken und alles für 15 Minuten mit einem schweren Küchenbrett oder Ähnlichem beschweren.

5 In der Zwischenzeit den Backofen auf 130 °C (Umluft) vorheizen. Die Backzeit beträgt circa 20 Minuten.

6 Die fertigen Oblaten 10 Minuten auf dem Blech abkühlen lassen und dann noch warm in etwa 3 × 5 cm große Stangen schneiden.

Nährwertangaben: 1 Stück (bei insgesamt 46 Stück):
28 kcal, 1,0 g Eiweiß, 2,1 g Fett, 1,2 g Kohlenhydrate, 0,1 BE

Ingwer-Schokobrownies

FÜR EINE ECKIGE SPRINGFORM 24 × 24 ZENTIMETER
64 BROWNIES **20 MINUTEN** **40 MINUTEN**

Zutaten: 75 g Butter | 3 Eier (Größe L) | 75 g Xylit | 100 ml Sahne | 5 Tropfen Rumaroma | 30 g Backkakao | ¼ TL Ingwerpulver | 1 gehäufter TL Backpulver | 1 TL Johannisbrotkernmehl | 40 g Mandelmehl (teilentölt) | 150 g gemahlene Walnüsse
Zur Dekoration: 30 g Schokolade (85 % Kakaoanteil)

1 Den Backofen auf 175 °C (Umluft) vorheizen. Den Boden der Springform mit Backpapier bespannen.

2 Die Butter vorsichtig schmelzen lassen. Die Eier trennen, die Eiweiße zu steifem Schnee schlagen und beiseitestellen.

3 Die Eigelbe mit dem Xylit, der Sahne, der Butter und dem Rumaroma so lange verrühren, bis sich das Xylit aufgelöst hat. Dann den Backkakao und den Ingwer unterrühren. Das Backpulver und das Johannisbrotkernmehl darübersieben und zusammen mit dem Mandelmehl unterrühren.

4 Anschließend den Eischnee vorsichtig zusammen mit den gemahlenen Walnüsse unterheben, sodass ein luftiger Teig entsteht.

5 Den Teig in die vorbereitete Springform geben und glatt streichen. Anschließend für etwa 40 Minuten im Backofen (Mitte) backen. Nach circa 15 Minuten die Brownies mit Alufolie abdecken, damit sie nicht zu dunkel werden.

6 Die Brownies in der Form auskühlen lassen. Anschließend auf ein Brett geben und in Würfel schneiden. Zur Verzierung die Schokolade schmelzen lassen und die Brownies damit verzieren.

Nährwertangaben: 1 Stück (bei insgesamt 64 Stücken):
40 kcal | 1,5 g Eiweiß | 3,3 g Fett | 1,7 g Kohlenhydrate | 0,14 BE

Sternfrucht-Schichtdessert

4 PORTIONEN **10 MINUTEN + 15 MINUTEN MARINIERZEIT** **30 MINUTEN**

Zutaten: 200 ml Espresso, gekocht und abgekühlt | 4 Sternfrüchte (Karambole, circa 400 g) | 1 Ei (Größe L) | 250 g Mascarpone | 5 Tropfen flüssiges Stevia | 200 ml Sahne | 1 Päckchen Sahnesteif | 1 TL Backkakao

1 Den Espresso kochen und erkalten lassen. In der Zwischenzeit die Sternfrüchte in ½ cm dicke Sterne schneiden und in eine flache Form legen. Den Espresso über die Sternfrüchte gießen und diese darin 15 Minuten marinieren. Währenddessen das Ei mit dem Mascarpone und Stevia verrühren. Die Sahne mit Sahnesteif steif schlagen und vorsichtig unter die Mascarponecreme heben.

2 Ein Achtel der Sternfrüchte mit wenig Espresso in Dessertschalen geben und den Boden damit bedecken. Darauf jeweils ein Achtel der Mascarponecreme geben. Diese wiederum mit den Sternfrüchten belegen und darauf die restliche Creme füllen. Die Dessertschalen circa 30 Minuten im Kühlschrank kalt stellen.

3 Das Dessert vor dem Servieren mit ein wenig Kakaopulver bestreuen.

Nährwertangaben: 1 Portion (bei insgesamt 4 Portionen):
499 kcal | 6,4 g Eiweiß | 45,9 g Fett | 12,0 g Kohlenhydrate | 1 BE

Zutaten:

2 Birnen
(zum Beispiel Nashi-Birnen)

400 g Himbeeren

1 Bund frische Minze

100 g Frischkäse (60 % Fett i. Tr.)

4 EL Erdbeersaft (Reformhaus)

50 g Cashewkerne

Saft von ½ Zitrone

TIPP: Aus den verbleibenden Cashewkernen können Sie ganz leicht Nussbutter machen, indem Sie die Nüsse in einem Mörser fein zermahlen und mit etwas Öl und einer Prise Salz eine streichfähige Masse herstellen.

Birnen-Himbeer-Salat mit Frischkäsecreme

4 PORTIONEN **15 MINUTEN**

1 Die Birnen nach dem Entfernen von Schale und Kerngehäuse in feine Scheiben schneiden. Himbeeren verlesen, waschen und abtropfen lassen.

2 Von der gewaschenen Minze die Blätter abzupfen und fein hacken. Frischkäse und Erdbeersaft verrühren und die Minze unterheben.

3 Eine Pfanne erhitzen und die Cashewkerne darin 2–3 Minuten ohne Fett rösten.

4 Birnenscheiben und Himbeeren mit dem Zitronensaft vermischen.

5 Den Birnen-Himbeer-Salat zusammen mit der Frischkäsecreme in einer Schale anrichten. Die gerösteten Cashewkerne darüberstreuen.

Nährwertangaben: 1 Portion (bei insgesamt 4 Portionen):
237 kcal | 9,8 g Eiweiß | 12,6 g Fett | 19,4 g Kohlenhydrate | 1,62 BE

Zutaten:

2 Blatt Gelatine

2 Eiweiß (Größe M)

400 g Joghurt (0,1 % Fett)

Saft von 1 Limette

350 g Heidelbeeren

200 g Himbeeren

50 ml Wasser

½ Bund frische Minze

Weitere Zutaten: 6 EL kaltes Wasser

Heidelbeergelee mit Himbeersoße

4 PORTIONEN **15 MINUTEN** **1 STUNDE**

1 Gelatine 2 Minuten im Wasser einweichen, ausdrücken und in eine Schüssel geben.

2 Eiweiße steif schlagen und beiseitestellen.

3 Joghurt, Limettensaft und Heidelbeeren mit einem Stabmixer pürieren.

4 Einen Topf mit Wasser aufkochen und als Wasserbad herrichten.

5 In der Schüssel die Gelatine über dem Wasserbad gut auflösen und nach und nach in die Joghurtmasse einrühren. Den Eischnee dazugeben und vorsichtig unterheben. Nun das Gelee für 1 Stunde im Kühlschrank kalt stellen.

6 In der Zwischenzeit die Himbeeren verlesen und kurz waschen. Die Himbeeren und das Wasser mit einem Stabmixer pürieren.

7 Die Himbeersoße in tiefe Teller geben, das Heidelbeergelee mit einem Esslöffel in Nocken abstechen und auf dem Fruchtsoßenspiegel anrichten.

8 Vor dem Servieren die Minze waschen, einige Blätter abzupfen und das Gelee damit dekorieren.

Nährwertangaben: 1 Portion (bei insgesamt 4 Portionen):
104 kcal | 8,4 g Eiweiß | 1,2 g Fett | 14,2 g Kohlenhydrate | 1,18 BE

Zutaten:

6 unbehandelte Zitronen (Bio)

1 TL Ahornsirup

2 Birnen
(zum Beispiel Nashi-Birnen)

½ Bund Zitronenmelisse

1 Eiweiß (Größe M)

Weitere Zutaten: 2 Tropfen Rumaroma

TIPP: Um mehr Flüssigkeit aus der Zitrone zu bekommen, diese vor dem Verarbeiten auf einen harten Untergrund mit leichtem Druck mehrfach hin und her rollen.

Geeiste Zitrone

4 PORTIONEN · 15 MINUTEN · 1 STUNDE

1 Die Zitronen auspressen und den Saft in einem Topf mit dem Ahornsirup aufkochen und anschließend erkalten lassen.

2 Die Birnen schälen, vierteln, Kerngehäuse entfernen und das Fruchtfleisch fein würfeln. Die Melisse waschen, trocken schütteln und die Blätter abzupfen. Die Birnen und die Melisse mit einem Stabmixer in einer Metallschüssel fein pürieren.

3 Den Zitronensaft und das Rumaroma untermengen. Das Püree abgedeckt im Gefrierschrank 2 Stunden gefrieren. Damit sich keine Eiskristalle bilden, alle 30 Minuten umrühren.

4 Sobald das Püree zu gefrieren beginnt, das Eiweiß steif schlagen und unter das Sorbet heben. Den Einfriervorgang mit dem regelmäßigen Umrühren fortsetzen – insgesamt über eine Dauer von 4–5 Stunden.

5 Vor dem Servieren noch einmal gut durchrühren, Eisportionen abstechen und auf Schalen verteilen.

Nährwertangaben: 1 Portion (bei insgesamt 4 Portionen):
86 kcal | 2,0 g Eiweiß | 0,6 g Fett | 17,7 g Kohlenhydrate | 1,48 BE

Zutaten:

2 Mangos

200 g Tofu (natur)

Saft von 1 Orange

50 g Erdnüsse (ohne Salz)

400 g Erdbeeren

8 Minzeblättchen

TIPP: Erdnüsse sind eigentlich Hülsenfrüchte und reifen in der Erde. Je nach Sorte wachsen in den Hülsen zwei bis drei rundliche bis längliche Erdnüsse heran. Die Nuss, die keine ist, enthält viel gesundes Eiweiß und liefert vor allem die Vitamine B und E.

Erdbeerdessert

4 PORTIONEN | 20 MINUTEN | 30 MINUTEN

1 Mangos schälen und vom Kern befreien. Tofu abtropfen und grob zerbröckeln. Früchte und Tofu in einem hohen Gefäß mit einem Stabmixer pürieren.

2 Den Orangensaft ebenfalls zu den Früchten und dem Tofu geben und das Ganze nochmals pürieren.

3 Die Erdnüsse in einer Pfanne ohne Fett goldbraun anrösten.

4 Die Erdbeeren unter fließendem Wasser kurz abbrausen, vom Strunk befreien und vierteln.

5 Die Tofu-Frucht-Mousse, die Erdbeeren und die Erdnüsse schichtweise in Gläser einfüllen. Das Erdbeerdessert für circa 30 Minuten in den Kühlschrank stellen.

6 Die Gläser aus dem Kühlschrank nehmen, mit den Minzeblättern garnieren und servieren.

Nährwertangaben: 1 Portion (bei insgesamt 4 Portionen):
216 kcal | 9,5 g Eiweiß | 9,1 g Fett | 22,6 g Kohlenhydrate | 1,88 BE

Zutaten:

500 ml fettarme Milch (1,5 % Fett)

100 ml Kokoscreme/-milch

Mark von 1 Vanilleschote

1 TL Agavendicksaft

300 g Zwetschgen

¼ Bund Zitronenmelisse (oder Minze)

Weitere Zutaten: ½ TL Johannisbrotkernmehl

Kokospudding mit Zwetschgen

4 PORTIONEN **10 MINUTEN + 15 MINUTEN WARTEZEIT** **30 MINUTEN**

1 Die Milch zusammen mit der Kokoscreme und dem Mark der Vanilleschote in einem Topf erhitzen, das Johannisbrotkernmehl einrühren und mit Agavendicksaft abschmecken. Kurz aufwallen und dann circa 10–15 Minuten quellen lassen. Die Zwetschgen waschen, entkernen, vierteln und gleichmäßig auf 4 Dessertschalen verteilen.

2 Den Kokospudding umrühren und über die Zwetschgen geben. Den Pudding im Kühlschrank 30 Minuten erkalten lassen.

3 In der Zwischenzeit die Melisse waschen und die Blätter abzupfen.

4 Den Kokospudding vor dem Servieren mit der Melisse garnieren.

Nährwertangaben: 1 Portion (bei insgesamt 4 Portionen):
147 kcal | 5,3 g Eiweiß | 6,8 g Fett | 15,2 g Kohlenhydrate | 1,27 BE

Avocadodessert mit Melonen-Orangensalat

4 PORTIONEN **15 MINUTEN**

Zutaten: 100 g Kokosflocken | 2 Orangen | 1 Honigmelone (circa 400 g) | 1 Prise Salz | 2 reife Avocados | 150 g Schlagsahne

1 Die Kokosflocken in einer heißen Pfanne ohne Fett goldgelb anrösten.

2 Die Orangen von der Schale und der weißen Haut befreien. Die Fruchtfilets zwischen den Trennhäuten mit einem scharfen Messer vorsichtig herauslösen und dabei den austretenden Saft auffangen. Die Melone halbieren, entkernen, schälen und in kleine Würfel schneiden. Die Orangenfilets in einer Schüssel mit Salz abschmecken und mit den Melonenwürfeln vermengen.

3 Für die Avocadocreme die Avocados längs halbieren, entsteinen und das Fruchtfleisch aus der Schale löffeln. 4 EL vom Orangensaft aus der Schüssel zugeben und in einem hohen Gefäß mit einem Stabmixer pürieren.

4 Die Sahne steif schlagen und unter die Avocadomasse heben.

5 Die Avocadocreme abwechselnd mit dem Melonen-Orangensalat in Gläser füllen.

6 Mit den gerösteten Kokosflocken bestreuen und servieren.

Hier könnte man mit Honig nachsüßen. Aber Achtung, dies verändert die Nährwerte (siehe Seite 13).

Nährwertangaben: 1 Portion (bei insgesamt 4 Portionen):
545 kcal | 5,8 g Eiweiß | 43,5 g Fett | 28,2 g Kohlenhydrate | 2,35 BE

Zutaten:

½ Zitrone (Bio)

200 g Ricotta

100 g Quark (40 % Fett i. Tr.)

4 Birnen
(zum Beispiel Williams Christ)

50 g Butter

100 g gehackte Haselnüsse

TIPP: Sie haben gerade keine Birnen zu Hause? Kein Problem. Auch Pflaumen oder Äpfel (zum Beispiel Boskoop) eignen sich gut für dieses Gericht und Sie müssen nicht extra einkaufen gehen.

Glacierte Nuss-Birnen mit Ricotta

4 PORTIONEN **10 MINUTEN** **10 MINUTEN**

1 Schale der Zitrone abreiben, Saft auspressen. Ricotta und Quark mit der abgeriebenen Schale der Zitrone vermischen. In die Creme den Zitronensaft mischen. Die Birnen waschen, längs vierteln und vom Kerngehäuse befreien.

2 Butter in einer Pfanne erhitzen und die Birnenviertel darin circa 5–6 Minuten bei geringer Hitze von allen Seiten anbraten. Haselnüsse dazugeben und wenden.

3 Vor dem Servieren die Birnen mit den Haselnüssen auf Tellern anrichten und mit der Ricotta-Quark-Creme garnieren.

Hier könnte man mit Honig nachsüßen. Aber Achtung, dies verändert die Nährwerte (siehe Seite 13).

Nährwertangaben: 1 Portion (bei insgesamt 4 Portionen):
499 kcal | 11,0 g Eiweiß | 36,8 g Fett | 27,0 g Kohlenhydrate | 2,25 BE

Zutaten:

400 g Himbeeren (TK)

200 g Naturjoghurt (3,5 % Fett)

100 ml Sahne

Saft von ½ Zitrone

Weitere Zutaten: 5 Tropfen flüssiges Stevia

»Blitzeis«

4 PORTIONEN 5 MINUTEN

1 Himbeeren Joghurt und Sahne im Mixer kurz durchrühren, mit Zitronensaft und Stevia abschmecken und anschließend fein pürieren, bis eine halbgefrorene Eismasse entstanden ist.

2 Das Eis in gefrorenem Zustand als Eiscocktail im Glas servieren.

Nährwertangaben: 1 Portion (bei insgesamt 4 Portionen):
142 kcal | 4,4 g Eiweiß | 9,6 g Fett | 8,7 g Kohlenhydrate | 0,73 BE

Zutaten:

6 Pfirsiche

Saft von 1 Zitrone

200 ml halbtrockener Weißwein
(alternativ heller Traubensaft)

2 Eiweiß (Größe M)

30 g Zartbitterraspel
(mind. 70 % Kakaoanteil)

Weitere Zutaten: 1 EL Apfeldicksaft | ½ TL Speisestärke

TIPP: Je öfter das Sorbet gerührt wird, desto cremiger wird es.

Geeister Pfirsichtraum

4 PORTIONEN | **5–10 MINUTEN** | **3 STUNDEN**

1 Die Pfirsiche schälen und vierteln. Pfirsiche, Zitronensaft, ⅔ des Weines und den Apfeldicksaft mit einem Stabmixer fein pürieren.

2 Das Püree in einer abgedeckten Metallschüssel im Gefrierschrank circa 3 Stunden gefrieren. Alle 30 Minuten gut umrühren.

3 Vor dem Servieren die Eiweiße mit dem restlichen Wein und der Speisestärke im Wasserbad 5–10 Minuten steif schlagen. Das Sorbet noch einmal durchrühren und in Dessertgläser füllen. Den lauwarmen Weinschaum auf dem Sorbet anrichten und mit Zartbitterraspeln garnieren.

Nährwertangaben: 1 Portion (bei insgesamt 4 Portionen):
177 kcal | 4,1 g Eiweiß | 2,9 g Fett | 24,1 g Kohlenhydrate | 4,8 g Alkohol | 2,03 BE

Zutaten:

2 Kiwis

2 Blutorangen

2 Mandarinen

200 g Heidelbeeren

200 g Himbeeren

1 Apfel (zum Beispiel Boskoop)

1 Birne
(zum Beispiel Williams Christ)

Saft von 1 Zitrone

100 g gehackte Walnüsse

Weitere Zutaten: 2 EL Sanddornsaft

TIPP: Haben Sie Obst übrig, das Sie einfrieren möchten? Dann sollten Sie das Obst waschen, Stiele und Blätter entfernen und die Früchte gegebenenfalls entsteinen. Anschließend roh ins Gefrierfach legen.

Klassischer Fruchtsalat

4 PORTIONEN **15 MINUTEN**

1 Die Kiwis schälen, längs halbieren und in 1 cm dicke Halbmonde schneiden. Die Blutorangen und die Mandarinen von der Schale und der weißen Haut mit einem scharfen Messer befreien. Anschließend ebenfalls in 1 cm große Stücke schneiden.

2 Heidelbeeren und Himbeeren verlesen und kurz unter fließendem Wasser abbrausen. Apfel und Birne schälen, vierteln, Kerngehäuse entfernen und in 1 cm dicke Stücke schneiden.

3 Alle Früchte in einer Schüssel zusammen mit dem Zitronensaft, den Walnüssen und dem Sanddornsaft mischen.

4 Den Fruchtsalat in tiefe Teller füllen und servieren.

Nährwertangaben: 1 Portion (bei insgesamt 4 Portionen):
305 kcal | 6,0 g Eiweiß | 16,9 g Fett | 30,0 g Kohlenhydrate | 2,5 BE

Zutaten:

100 g Johannisbeeren

100 g Brombeeren

100 g helle Weintrauben (kernlos)

100 g Erdbeeren

100 g Mandelblättchen

150 ml Sahne

1 Ei (Größe M)

TIPP: Haben Sie noch Beeren übrig? Diese können Sie in vielen Rezepten anstelle von anderem Obst einsetzen, da sie zu den zuckerarmen Obstsorten zählen.

Gratinierte Beerenfrüchte

4 PORTIONEN | 15 MINUTEN | 4–5 MINUTEN

1 Backofen auf 180 °C (Umluft) vorheizen.

2 Die Johannisbeeren und Brombeeren verlesen und kurz unter fließendem Wasser abbrausen.

3 Weintrauben waschen, von den Rispen lösen und halbieren. Die Erdbeeren waschen, putzen und vierteln.

4 In einer heißen Pfanne ohne Fett die Mandelblättchen circa 1–2 Minuten goldbraun anrösten.

5 Anschließend die Früchte in die Pfanne geben, unter die Mandeln heben und beiseitestellen.

6 Die Sahne steif schlagen. Das Eigelb vom Eiweiß trennen. Das Eiweiß ebenfalls steif schlagen und vorsichtig unter die Sahne heben, ebenso das Eigelb.

7 Die Ei-Sahne-Masse gleichmäßig auf der Früchtemischung in der Pfanne verteilen.

8 Das Dessert im Backofen (Mitte) circa 4–5 Minuten überbacken, bis eine goldbraune Kruste entsteht.

9 Zum Servieren die überbackenen Früchte heiß aus dem Ofen servieren.

Nährwertangaben: 1 Portion (bei insgesamt 4 Portionen):
331 kcal | 8,2 g Eiweiß | 26,4 g Fett | 12,6 g Kohlenhydrate | 1,05 BE

Zutaten:

1 Ananas (circa 300 g)

50 g Butter

50 g gehackte Haselnüsse

200 g Crème fraîche

200 g Stachelbeeren

150 g Quark (40 % Fett i. Tr.)

1 Zitrone (Bio)

50 g gestiftete Mandeln

TIPP: Ungeschälte Mandeln können Sie zum Schälen in kochendes Wasser geben. Nach 2–3 Minuten in ein Sieb abgießen, mit kaltem Wasser abschrecken und abkühlen lassen, Mandel zwischen Daumen und Zeigefinger nehmen und aus der Haut herausdrücken.

Warmes Ananasdessert

4 PORTIONEN **10 MINUTEN** **5 MINUTEN**

1 Die Ananas schälen und in 1 cm dicke Scheiben schneiden.

2 Butter in einer Pfanne erhitzen und die Ananasscheiben darin circa 3–4 Minuten bei geringer Hitze von beiden Seiten anbraten. Haselnüsse dazugeben und wenden.

3 Crème fraîche, Stachelbeeren und Quark mit der abgeriebenen Schale einer und dem Saft der halben Zitrone mischen.

4 Die Crememischung unter die gebratene Ananas heben und 1–2 Minuten mitbraten.

5 Das Ananasdessert zum Servieren in Dessertschalen füllen, mit den Mandelstiften bestreuen und noch heiß auf den Tisch bringen.

Hier könnte man mit Honig nachsüßen. Aber Achtung, dies verändert die Nährwerte (siehe Seite 13).

Nährwertangaben: 1 Portion (bei insgesamt 4 Portionen):
528 kcal | 9,5 g Eiweiß | 43,9 g Fett | 19,6 g Kohlenhydrate | 1,63 BE

PRALINEN UND KEKSE

Schokoladenwölkchen

30 STÜCK **25 MINUTEN + 30 MINUTEN WARTEZEIT** **2 STUNDEN**

Zutaten: 25 g Butter | 50 g Xylit | 100 g gehackte Erdnüsse (ohne Salz) | 80 g Schokolade (85 % Kakaoanteil) | 50 ml Sahne | 1 TL Honig

1 Die Hälfte der Butter zusammen mit dem Xylit in einer Pfanne erhitzen, bis sich das Xylit aufgelöst hat und die Masse leicht gebräunt ist.

2 Dann die gehackten Erdnüsse zugeben. Diese unter ständigem Rühren so lange rösten, bis sie braun gebrannt sind.

3 Die Masse auf einen mit Backpapier belegten Teller geben und alles im Kühlschrank abkühlen lassen.

4 Die Schokolade mit der Sahne und der restlichen Butter vorsichtig im Wasserbad schmelzen lassen und den Honig zugeben.

5 In Zwischenzeit die Masse aus dem Kühlschrank (diese ist klebrig) etwas zerkrümeln und in eine Schüssel geben. Die geschmolzene Schokoladenmasse darüber geben und alles vermischen.

6 Ein Backblech mit Backpapier belegen. Mithilfe von zwei Teelöffeln kleine Häufchen aus der Masse abstechen und auf das Backblech setzen.

7 Nun die Häufchen abkühlen lassen (Kühlschrank oder kalter Außenbereich).

Nährwertangaben: 1 Stück (bei insgesamt 30 Stück):
53 kcal | 1,3 g Eiweiß | 3,9 g Fett | 2,2 g Kohlenhydrate | 0,18 BE

Vanillekekse

40 STÜCK | **10 MINUTEN** | **20–25 MINUTEN**

Zutaten: 3 Eigelb (Größe M) | 75 g Xylit | 1 Fläschchen Vanillearoma | 1 TL Zitronenschalenabrieb | 1 gehäufter TL Guarkernmehl | 25 g Dinkelmehl (Type 630) | 50 g helles Mandelmehl (teilentölt) | 100 g gemahlene Haselnüsse

Für den Guss: 1 Eigelb (Größe L) | 1 EL Sahne

1 Den Backofen auf 160 °C (Umluft) vorheizen und ein Backblech mit Backpapier belegen.

2 Eigelbe mit dem Xylit cremig schlagen. Das Vanillearoma und den Zitronenschalenabrieb zufügen und kurz mit unterrühren.

3 Das Guarkernmehl mit dem Dinkelmehl darübersieben und ebenfalls kurz unterrühren. Zum Schluss das Mandelmehl und die gemahlenen Haselnüsse unterkneten, sodass ein geschmeidiger Teig entsteht.

4 Den Teig circa 1 cm dick ausrollen. Eventuell. etwas Mandelmehl zum Ausrollen auf die Arbeitsfläche geben. Aus dem ausgerollten Teig Herzchen (oder Wunschform) ausstechen und diese auf das vorbereitete Backblech legen.

5 Für den Guss das Eigelb und die Sahne verrühren und die Kekse damit dünn bestreichen. Die Backzeit beträgt 10–12 Minuten. Die Plätzchen anschließend auf dem Blech auskühlen lassen.

Nährwertangaben: 1 Stück (bei insgesamt 40 Stück):
37 kcal | 1,2 g Eiweiß | 4,9 g Fett | 4,5 g Kohlenhydrate | 0,38 BE

Vanillepralinen

20 PRALINEN **25 MINUTEN + 20 MINUTEN WARTEZEIT** **4 STUNDEN**

Zutaten: 30 g Xylit | 50 g Schokolade (85 % Kakaoanteil) | 50 g Butter | 5 g Backkakao | ¼ Fläschchen Vanillearoma | 100 g gemahlene Kokosflocken

Zum Wälzen: 40 g gemahlene Haselnüsse

1 Das Xylit in einem Küchenmixer sehr fein mahlen.

2 Die Schokolade und die Butter im Wasserbad langsam schmelzen lassen.

3 Das Xylit und das Kakaopulver in die warme Masse geben und unterrühren. Anschließend das Vanillearoma zufügen und ebenfalls unterrühren.

4 Zum Schluss die Kokosflocken einrühren und die Masse für 20 Minuten in den Kühlschrank stellen.

5 Mit einem Teelöffel etwas von der abgekühlten Masse abstechen und mit den Händen eine Kugel formen. Anschließend in den gemahlenen Haselnüssen wälzen und in ein flaches Gefäß geben, wo sie nebeneinander gelagert werden können.

6 Im Kühlschrank gut durchkühlen lassen.

Nährwertangaben: 1 Stück (bei insgesamt 20 Stück):
84 kcal | 0,8 g Eiweiß | 7,7 g Fett | 2,2 g Kohlenhydrate | 0,18 BE

Zutaten:

1 Eiweiß (Größe L)

25 g fein gemahlenes Xylit

35 g Erdnussbutter

60 g Kürbiskerne

TIPP: Erdnussbutter sollte höchstens 9,3 % Kohlenhydrate pro 100 Gramm haben, diese wurde wurde im Rezept verarbeitet.

Kürbiskernplätzchen

30 STÜCK **20 MINUTEN** **15 MINUTEN**

1 Den Backofen auf 140 °C (Umluft) vorheizen und ein Backblech mit Backpapier belegen.

2 Das Eiweiß zu steifem Schnee schlagen und das Xylit einrieseln lassen. Die Masse so lange weiterschlagen, bis sie schön glänzend ist.

3 Die Erdnussbutter kurz unterrühren. Anschließend die Kürbiskerne hacken und die gehackten Kürbiskerne unter die Eimasse heben.

4 Aus der Masse mit 2 Teelöffeln kleine Häufchen auf das vorbereitete Backblech setzen. Die Backzeit beträgt circa 15 Minuten.

5 Die Kürbiskernplätzchen nach dem Backen auf dem Backblech (bei Zimmertemperatur) vollständig auskühlen lassen. Erst dann lassen sie sich gut vom Backpapier lösen.

Nährwertangaben: 1 Stück (bei insgesamt 30 Stück):
22 kcal | 0,9 g Eiweiß | 1,6 g Fett | 0,9 g Kohlenhydrate | 0,08 BE

Orangen-Frischkäseplätzchen

70 STÜCK | 20 MINUTEN | 25 MINUTEN

Zutaten: 250 g Frischkäse (70 % Fett i. Tr.) | 50 g Butter (weich) | 90 g Xylit | 1 gestrichener TL Schalenabrieb von 1 Orange (Bio) | Saft ½ Orange | 1 Eiweiß (Größe L) | 30 g Dinkelmehl (Type 630) | 1 EL Johannisbrotkernmehl | 1 gehäufter TL Backpulver | 200 g gemahlene, blanchierte Mandeln

1 Den Backofen auf 120 °C (Umluft) vorheizen und ein Backblech mit Backpapier belegen.

2 Den Frischkäse mit der Butter verrühren, sodass eine geschmeidige Masse entsteht.

3 Das Xylit und den Orangenabrieb und den Saft ½ Orange zufügen und kurz unterrühren. Anschließend das Eiweiß (ungeschlagen) zugeben und ebenfalls kurz mit unterrühren.

4 Das Dinkelmehl, das Johannisbrotkernmehl und das Backpulver darübersieben und unter die Masse ziehen.

5 Zum Schluss noch die gemahlenen Mandeln unterheben.

6 Mit 2 Teelöffeln kleine Häufchen auf das vorbereitete Backblech setzen. Die Backzeit beträgt circa 25 Minuten.

7 Die Plätzchen nach dem Backen so lange auf dem Backblech lassen, bis sie trocken sind. Erst dann lassen sie sich vom Backpapier lösen.

Nährwertangaben: 1 Stück (bei insgesamt 70 Stück):
43 kcal | 1,1 g Eiweiß | 3,5 g Fett | 1,6 g Kohlenhydrate | 0,13 BE

Apfeloblaten

20 STÜCK **20 MINUTEN** **20 MINUTEN**

Zutaten: 50 g getrocknete Apfelspalten | 2 Eiweiß (Größe L) | 30 g Xylit | 50 g gehackte Haselnüsse | 20 Oblaten (40 mm Durchmesser)

1 Den Backofen auf 140 °C (Umluft) vorheizen und ein Backblech mit Backpapier auslegen.

2 Die Apfelspalten in feine Würfel schneiden.

3 Die Eiweiße zu Eischnee schlagen. Das Xylit einstreuen und alles so lange weiterschlagen, bis sich das Xylit aufgelöst hat und eine glänzende Masse entstanden ist.

4 Die Apfelwürfel und die gehackten Haselnüsse unter die Eischneemasse heben.

5 Die Oblaten mit etwas Abstand auf dem vorbereiteten Backblech verteilen. Mit 2 Teelöffeln kleine Häufchen auf die Backoblaten setzen und das Ganze im vorgeheizten Backofen circa 20 Minuten backen.

6 Die fertigen Apfelhäufchen vollständig auf dem Backblech (bei Zimmertemperatur) auskühlen und abtrocknen lassen.

Nährwertangaben: 1 Stück (bei insgesamt 20 Stück):
33 kcal | 0,8 g Eiweiß | 1,6 g Fett | 3,7 g Kohlenhydrate | 0,31 BE

Walnussplätzchen

30 STÜCK | 10 MINUTEN | 12 MINUTEN

Zutaten: 100 g Walnussmehl (teilentölt) | 50 g gemahlene Walnüsse | 1 g Guarkernmehl | 40 g Xylit | 1 Ei (Größe M) | 1 TL Zimt | 75 g Butter (weich) | 20 g gehackte Walnüsse zur Dekoration

1 Den Backofen auf 150 °C (Umluft) vorheizen. Ein Backblech mit Backpapier belegen.

2 Alle Zutaten in eine Schüssel geben und zu einem geschmeidigen Teig verkneten. Anschließend den Teig portionsweise ausrollen und beliebige Formen ausstechen. Sollte er zu klebrig sein, einfach etwas Mandelmehl oder Walnussmehl auf die Arbeitsfläche geben. Anschließend mit den gehackten Walnüssen dekorieren.

3 Die Plätzchen auf das vorbereitete Backblech setzen und circa 12 Minuten backen.

Nährwertangaben: 1 Stück (bei insgesamt 30 Stück):
60 kcal | 0,9 g Eiweiß | 5,5 g Fett | 1,3 g Kohlenhydrate | 0,11 BE

SMOOTHIES UND SHAKES

Dickmilch mit Kaktusfeigen

4 PORTIONEN **5 MINUTEN**

Zutaten: 4 Kaktusfeigen | 400 ml Dickmilch (3,5 % Fett) | 1 EL Eiweißpulver (neutral) | 400 g Sauerkirschen (ungesüßt, Glas, inkl. Saft) | 1 EL Agavendicksaft

1 Kaktusfeigen halbieren, Fruchtfleisch mit einem Löffel herausnehmen und in ein hohes Gefäß zum Mixen geben.

2 Dickmilch, Eiweißpulver, die Sauerkirschen mit der Flüssigkeit und den Agavendicksaft hinzufügen und mit einem Stabmixer pürieren.

3 In Gläser füllen und den Shake servieren.

Nährwertangaben: 1 Portion (bei insgesamt 4 Portionen):
191 kcal | 9,0 g Eiweiß | 4,4g Fett | 27,5 g Kohlenhydrate | 2,29 BE

Zutaten:

800 g Holunderbeeren

1 EL Agavendicksaft

400 g Joghurt (3,5 % Fett)

Weitere Zutaten: 4 Strohhalme

TIPP: Anstelle des Joghurts können Sie auch Kefir oder Buttermilch verwenden.

Holundersmoothie

4 PORTIONEN **10 MINUTEN**

1 Holunderbeeren verlesen, kurz unter fließendem Wasser waschen und in ein hohes Gefäß zum Mixen geben.

2 Agavendicksaft dazugeben und die Mischung mit einem Stabmixer pürieren.

3 Den Smoothie anschließend in Gläser füllen und den Joghurt als Topping dazugeben. Mit einem Strohhalm servieren.

Nährwertangaben: 1 Portion (bei insgesamt 4 Portionen):
176 kcal | 9,8 g Eiweiß | 4,5 g Fett | 22,8 g Kohlenhydrate | 1,90 BE

CLEVER UND ZEITSPAREND KOCHEN: Schneiden Sie die Zutaten immer nur so klein wie nötig, denn werden diese wie bei einem Shake anschließend püriert, ist fein schneiden unnötig.

Erdbeer-Papaya-Smoothie

4 PORTIONEN **10 MINUTEN**

Zutaten: 400 g Erdbeeren | 2 Papayas | ½ Bund frische Minze | 300 g Joghurt (3,5 % Fett) | 300 ml Milch (3,5 % Fett)

1 Erdbeeren waschen, putzen. Papayas schälen, halbieren, entkernen und grob würfeln. Minze waschen und die Blätter von den Stielen befreien.

2 Joghurt, Milch, Erdbeeren, Papaya und die Hälfte der Minze mit einem Stabmixer pürieren.

3 Den Shake in 4 Gläser füllen, mit der restlichen Minze garnieren und servieren.

Nährwertangaben: 1 Portion (bei insgesamt 4 Portionen):
178 kcal | 7,9 g Eiweiß | 5,8 g Fett | 22,5 g Kohlenhydrate | 1,88 BE

Zutaten:

400 g Erdbeeren (TK)

200 ml Kirschsaft

Saft von 1 Limette

250 g Joghurt (1,5 % Fett)

Geeister Erdbeersmoothie

4 PORTIONEN **5 MINUTEN + 2 MINUTEN WARTEZEIT**

1 Erdbeeren in einem hohen Gefäß circa 2 Minuten antauen lassen.

2 Kirschsaft und Limettensaft zu den Erdbeeren geben und mit einem Stabmixer pürieren.

3 Den Smoothie anschließend in Gläser füllen und den Joghurt als Topping dazugeben.

4 Die Smoothiegläser, wenn vorhanden, mit einer frischen Erdbeere garnieren und servieren.

Hier könnte man mit Honig nachsüßen. Aber Achtung, dies verändert die Nährwerte (siehe Seite 13).

Nährwertangaben: 1 Portion (bei insgesamt 4 Portionen):
105 kcal | 4,6 g Eiweiß | 1,8 g Fett | 16,6 g Kohlenhydrate | 1,38 BE

TIPP: Anstelle des Kefirs können Sie auch Joghurt verwenden.

Beerensmoothie

4 PORTIONEN | 5 MINUTEN | 20 MINUTEN

Zutaten: 400 g Himbeeren | 400 g Heidelbeeren | 2 Tropfen flüssiges Stevia | 400 g Kefir

1 Himbeeren und Heidelbeeren verlesen, kurz unter fließendem Wasser waschen und in ein hohes Gefäß zum Mixen geben.

2 Für die Dekoration einige Beerenfrüchte für circa 15–20 Minuten ins Eisfach geben.

3 Die frischen Beeren, den Kefir und das Stevia mit einem Stabmixer fein pürieren.

4 Das Fruchtpüree anschließend in Gläser füllen und mit den gefrorenen Beeren als Topping servieren.

Nährwertangaben: 1 Portion (bei insgesamt 4 Portionen):
111 kcal | 5,3 g Eiweiß | 2,4 g Fett | 16,3 g Kohlenhydrate | 1,36 BE

Zutaten:

400 g Stachelbeeren

200 ml Kirschsaft

1 EL Sanddornsaft

250 g Joghurt (1,5 % Fett)

Weitere Zutaten: 4 Strohhalme

TIPP: Anstelle der Stachelbeeren können Sie auch tiefgekühlte Erdbeeren oder Himbeeren verwenden.

Stachelbeer-Sauerkirsch-Smoothie

4 PORTIONEN **5 MINUTEN**

1 Stachelbeeren verlesen, in ein hohes Gefäß geben.

2 Kirsch- und Sanddornsaft zu den Stachelbeeren geben und mit einem Stabmixer pürieren.

3 Den Smoothie anschließend in Gläser füllen und den Joghurt als Topping daraufgeben. Jeweils einen Strohhalm dazugeben und dann servieren.

Nährwertangaben: 1 Portion (bei insgesamt 4 Portionen):
118 kcal | 4,5 g Eiweiß | 2,0 g Fett | 19,7 g Kohlenhydrate | 1,64 BE

TIPP: Wer den Shake gerne etwas dickflüssiger und eiweißreicher mag, kann Joghurt durch Magerquark ersetzen, dieser enthält dreimal so viel Eiweiß wie Joghurt und hat eine deutlich festere Konsistenz.

Heidelbeer-Mango-Shake

4 PORTIONEN **10 MINUTEN**

Zutaten: 400 g Heidelbeeren | 2 Mangos | ½ Bund frische Minze | 300 g Joghurt (3,5 % Fett) | 250 ml Milch (3,5 % Fett) | 5 Tropfen flüssiges Stevia

1 Heidelbeeren verlesen und waschen. Mangos schälen, entkernen und grob würfeln. Minze waschen und die Blätter von den Stielen befreien.

2 Joghurt, Milch, Heidelbeeren, Mango, die Hälfte der Minze und das Stevia mit einem Stabmixer pürieren.

3 Den Shake in Gläser füllen, mit der restlichen Minze garnieren und servieren.

Nährwertangaben: 1 Portion (bei insgesamt 4 Portionen):
200 kcal | 7,4 g Eiweiß | 5,9 g Fett | 27,9 g Kohlenhydrate | 2,32 BE

REZEPTÜBERSICHT

WOLFGANG LINK

Der aus TV und Medien bekannte Low-Carb-Koch Wolfgang Link stammt aus dem mittelfränkischen Neuendettelsau.

Nach seiner Kochausbildung in einem feinen Hotel/Gasthof und einigen weiteren Stationen in der Gastronomie verschlug es den charismatischen Koch in die Business-Gastronomie eines internationalen Automobilzulieferers, wo er heute den Catering-Service an mehreren Standorten leitet. Aufgrund seiner Liebe zum Beruf folgten verschiedene Ausbildungen, etwa zum Diätkoch, zum Küchenmeister und zum technischen Betriebswirt. Ein Meilenstein seiner beruflichen Weiterentwicklung war die Ausbildung zum LOGI-Experten.

Sein inzwischen sehr umfangreiches Betätigungsfeld reicht von Vorträgen über Kochkurse in seiner eigenen Genussschule, Kochshows, Gastro-Beratungen sowie einen eigen YouTube-Kanal bis hin zu regelmäßigen Fernsehauftritten im Bayrischen Fernsehen.

Seiner Autorenfeder entstammen mittlerweile mehr als 16 Kochbücher, wovon einige Bestseller geworden sind.

Bibliografische Information der Deutschen Nationalbibliothek
Die Deutsche Nationalbibliothek verzeichnet diese Publikation in der Deutschen Nationalbibliografie. Detaillierte bibliografische Daten sind im Internet über http://dnb.d-nb.de abrufbar.

Für Fragen und Anregungen
info@rivaverlag.de

Wichtiger Hinweis
Dieses Buch ist für Lernzwecke gedacht. Es stellt keinen Ersatz für eine individuelle medizinische Beratung dar und sollte auch nicht als solcher benutzt werden. Wenn Sie medizinischen Rat einholen wollen, konsultieren Sie bitte einen qualifizierten Arzt. Der Verlag und der Autor haften für keine nachteiligen Auswirkungen, die in einem direkten oder indirekten Zusammenhang mit den Informationen stehen, die in diesem Buch enthalten sind.

Originalausgabe
1. Auflage 2019

Nymphenburger Straße 86
D-80636 München
Tel.: 089 651285-0
Fax: 089 652096

Redaktion: systemed Verlag, Lünen
Umschlaggestaltung: Die Knaben – Büro für Gestaltung | die-knaben.de
Umschlagabbildungen: Studio Reiner Schmitz, München
Layout und Satz: Die Knaben – Büro für Gestaltung | die-knaben.de
Bildnachweis: Studio Reiner Schmitz, München, Seite 22, 26, 30, 34, 38, 44, 48, 50, 54, 56, 60, 62, 66, 68, 72, 74, 78, 80, 82, 86, 88, 100, 114, 116, 118, 122, 124, 126, 128, 132, 136, 140
Bartosz Ludwinski, Hamburg, Seite 143
Shutterstock: martiapunts, Seite 7 | leonori, Seite 8 | Avdeyukphoto, Seite 11 | YARUNIV Studio, Seite 13 | Jacek Chabraszewski, Seite 17 | Evgeny Karandaev, Seite 20 | Olga Miltsova, Seite 60 | lozas, Seite 126 | Creative Photo Corner, Seite 132 | Magdanatka, Seite 136
Zutatenbilder: Shutterstock: Tanya Sid | Daria Medvedeva | Africa Studio | Kyselova Inna | Maks Narodenko | Dionisvera | Ermak Oksana | MaraZe | Andris Tkacenko | Aniroot Mankhamnert | GoncharukMaks | M.UnalOzmen | azure1 | VolodymyrKrasyuk | grey_and | lewal1988 | MonaMakela | domnitsky | Abramova Elena | Alexander Dashewsky | baibaz | Yuri Samsonov | Boonchuay1970 | Nattika | Iurii Kachkovskyi | Anton Starikov | Ariene Studio | Tarica | Tim UR | Lotus Images | LorenzoArcobasso | Sergio Stakhnyk | Volosina | Max Lashcheuski | Artem Kutsenko | milart | Anna Kucherova | Melica | JIANG HONGYAN | Nikola Bilic | xpixel | nadisja | raksina | Vasily Menshov | SOMMAI | Shawn Hempel | Tobik | gdvcom | Andreja Donko | Hong Vo | iprachenko | Valery121283 | jultud | Shyripa Alexandr | Kovaleva_Ka | Best_photo_studio | Tanya_mtv | Vitalina Rybakova | mario95 | New Africa | Moving Moment | Pun foto gallery | Artem Samokhvalov | Nataly Studio |
Druck: Florjancic Tisk d.o.o., Slowenien
Printed in the EU

ISBN Print 978-3-95814-093-6
ISBN E-Book (PDF) 978-3-95814-239-8
ISBN E-Book (EPUB, Mobi) 978-3-95814-240-4